인세인3

인세인 SCP

감수 • 카와시마 토이치로
저 • 사이토 타카요시/모험기획국
역 • 유범

한국어판 제작
•
TRPG CLUB

시작하며

공포와 위험이 가득한 세계에 어서 오세요.
저자 사이토 타카요시입니다.

이 책은 테이블 토크 RPG 『멀티 장르 호러 TRPG 인세인』의 속편에 해당합니다.

이 책의 앞부분에는 리플레이가, 뒷부분에는 테이블 토크 RPG용의 규칙이 수록되어 있습니다.

리플레이란 실제로 TRPG를 플레이한 상황을 읽을거리로 만든 것입니다.

이상한 현상을 일으키는 「SCP 객체」라는 물체가 넘쳐나는 세계를 무대 삼아, 멋진 여성 플레이어들이 SCP 객체로부터 인류를 지키는 「재단」의 직원을 캐릭터로 만들어서 힘에 부친 상황에 신음하고, 부조리한 죽음이나 의식을 조작하는 정보재해에 전율하거나 캐릭터 그 자체에 이입해가면서 괴사건의 수수께끼에 다가가는 모습을 그려내고 있습니다.

리플레이는 이 책부터 읽어도 이해할 수 있도록 구성하였습니다. 이 책을 읽으신 후에 다시 1권을 읽어도 괜찮습니다.

규칙 부분에는 재단 직원이 되어 SCP 객체를 확보, 격리, 보호하는 세션을 플레이하기 위한 새로운 캐릭터 제작 방법이 준비되어 있습니다. 물론 새로운 어빌리티도 습득할 수 있습니다. 거기에 더해 새로운 【광기】, 무시무시한 SCP 객체 및 재단과 적대하는 요주의 단체로 구성된 새로운 에너미를 수록했습니다. 단, 이 책만으로는 『인세인』을 플레이할 수 없습니다. 이 책을 읽고 『인세인』을 플레이할 마음이 생기셨다면 부디 기본 규칙을 수록한 1권을 읽어주세요.

수수께끼와 공포, 광기와 괴이의 이야기에 동참해봅시다!

인세인에 관하여

이 테이블 토크 RPG는 기구한 운명을 가진 주인공 봉마인이 되어 주변에서 일어나는 괴사건에 맞서는 게임입니다.

다음과 같은 다양한 공포물을 즐길 수 있습니다.

절망적인 좀비 해저드에서 살아남는 서바이벌 호러.

인간 내면의 어둠을 묘사하는 사이코 호러.

흡혈귀나 늑대인간 같은 환상적인 괴물들이 도사린 고딕 호러.

현대사회의 어둠이나 부조리에서 공포를 맛보는 모던 호러.

인간이라는 존재의 가치나 희망을 쳐부수는『크툴루 신화』같은 코즈믹 호러.

좀비, 원령, 크툴루, 살인마, 우주인……. 동서고금의 괴이가 등장하여 봉마인을 공포에 떨게 할 것입니다.

또, 봉마인의 적은 괴이만이 아닙니다. 그들은 괴이에 관여하게 되면서 모두【비밀】이나【광기】같은 마음속 어둠을 안고 있습니다. 봉마인의 또 다른 적은 바로 그들 자신인 셈입니다.

『인세인』은 공포와 광기의 사이에서 흔들리는 인간들을 그리는 게임입니다. 게임 마스터가 준비한 비장의【비밀】을 둘러싼 사건의 막이 바로 지금 열리고 있습니다.

어서 오세요. 공포의 극장에.

무섭고도 감미로운 수수께끼가 여러분을 기다리고 있습니다!

목차

커버 일러스트 ● 아오키 쿠니오
본문 일러스트 ● coco
게임 말 일러스트 ● 오치아이 나고미(모험기획국)

이 책은 픽션입니다.

등장하는 인물, 단체, 지명과 실제 인물, 단체, 지명은 일절 관계가 없습니다. 또, 일부 차별적 표현이나 불쾌감을 유발하는 표현을 쓸 때가 있습니다. 이는 소재에 사용된 다양한 시대적, 문화적 배경의 재현이 목적이며, 차별 등을 조장하려는 의도는 일절 없습니다.

AT LEAST YOUR
DEATH WON'T BE IN VAIN

리플레이 파트

「눈을 감으면 안 된다」

DON'T CLOSE YOUR EYES

캐릭터 제작

1. 생각보다 더 가차 없는 세계였어

그 날따라 불온한 기척이 감돌았다.

나는 주택가를 걸으며 여기저기 두리번거리고 있었다. 다음 모퉁이에서는 무엇이 나타날지, 길게 이어진 담벼락 너머에서 무슨 일이 일어나고 있는지……. 나는 아무것도 모른다.

어느 주택의 문 앞에 서예 작품을 장식하는 유리 달린 게시판이 설치되어 있었다. 예전에…… 그게 언제였더라? 나는 그곳에서 신경 쓰이는 작품을 봤다.

일본어가 아니었다.

문자조차 아니었다.

종이 중앙에 그린 「눈」 같은 무늬를 곳곳이 끊어진 들쭉날쭉한 선으로 감싼 작품이었다. 그 작품은 평온한 풍경 속에서 이상한 분위기를 풍겼다.

그건 뭐였을까?

그 집에 사는 사람은 그게 뭔지 알고 있을까?

애초에 어떤 사람이 살고 있지?

나는 아무것도 모른다. 알고 싶지 않은 것일지도 모른다.

이윽고 모험기획국 건물이 홀연히 모습을 드러냈다.

나는 자물쇠를 열고 어둑어둑한 방에 **하얀 조명**을 비추며 테이블 위를 정리했다.

그리고 기다렸다.

하얀 조명
양초와는 다른 종류의 조명인 듯했다. 서서히 불이 들어오는 그것은 샹그릴라…… 가 아니라, 샹들리에였다.

사이토 아. 안녕하세요.

코비토 미안. 좀 늦었지?

구게펜 어째 날씨가 찝찝해서 말이야.

사이토 괜찮아요. 이 정도면 제 시간에 온 거죠.

에누에누 차라도 타올게.

여성 플레이어 세 명.

걸핏하면 춤을 추는 그래픽 디자이너, 에누에누.

걸핏하면 호러 게임에서 생고생만 하는 모델러, 코비토 씨.

걸핏하면 펭귄과 보컬로이드에 애착을 품는, 구게펜.

사이토 자, 그럼 적당히 자리를 잡고 앉아주세요.

구게펜 예썰.

코비토 오늘은 『인세인』 리플레이 녹음하는 날이었지?

사이토 네. 이번에는 『인세인』 제3권 『인세인 SCP』의 리플레이를 녹음합니다.

구게펜 SCP?

사이토 그런 이름의 세계관이 있어요.

코비토 흠흠.

에누에누 그거, 원래 인터넷 사이트지?

사이토 네. 테마에 따라 창작한 괴담을 모은 위키에요. 마음에 들어서 이번 『인세인』은 그걸로 해보기로 했습니다.

구게펜 그래서 SCP가 뭔데?

사이토 네. 세계 설정에 관해 가볍게 설명하겠습니다.

구게펜 응.

사이토 우선 무대는 현대입니다. 대중에겐 알려지지 않았지만, 불가사의한 현상을 일으키는 아이템을 수집하는 「**SCP 재단**」이라는 비밀 조직이 있습니다.

에누에누 그 머리글자는 뭐의 약자야?

사이토 시큐어, **컨테인**, 프로텍트입니다.

에누에누 **확보, 격리, 보호**?

사이토 세상에 넘쳐나는 기묘한 아이템을 확보해서 재단의 시설에 격리하고 인류를 그 영향에서 보호한다는…… 그런 비밀 조직이에요. 아까 제가 창작 괴담 운운 했지요?

구게펜 응.

사이토 위키에는 재단의 격리 품목 리스트라는 형태로 괴담이 올라와 있어요. 각각의 격리 품목이나 격리될 만한 존재를 「**SCP 객체**」라고 부릅니다.

구게펜 아하.

SCP 재단
이것은 현실에서 SCP의 세계를 봤을 때의 호칭이고, 작품 세계 내에서는 그냥 「재단」이라고 부른다. 「SCP」도 「특수 격리 절차」의 약자다.

컨테인
컨테이너에서 기어오는 것과 싸우는 『멀티 장르 호러 TRPG 인세인』의 새 서플리먼트…… 일 리가 있나!

확보, 격리, 보호
에누에누는 영어에 매우 능한 여성이다. 이렇게 영단어가 연달아 튀어나와도, 가볍게 일본어로 번역해서 대답해준다. 번역되지 않은 해외 TRPG를 플레이할 때도 대활약.

SCP 객체
특수한 격리 절차를 요구하는 물체라는 의미.

코비토 과연.

사이토 예를 하나 들자면, SCP-096「샤이가이」라는 객체가 있어요.

코비토 가이? **조개**를 뜻하는 일본어 가이?

에누에누 영어겠지. Shy Guy.

구게펜 번역하면 부끄럼쟁이.

코비토 **아아아아.**

사이토 이건 약간 큰 인간형 몬스터인데, 평소에는 얌전하지만 자기 얼굴을 본 사람은 죽입니다. 반드시 죽여요.

구게펜 확실히 위험하네.

에누에누 격리해야겠네.

사이토 SCP-096은 얼굴을 본 사람을 죽이러 갈 때의 능력에 제한이 없습니다. 어떤 감방도 파괴하고, 이때는 공격해도 막을 수 없어요.

구게펜 무섭네.

사이토 게다가 먼 곳에서 사진이나 비디오로 이 녀석의 얼굴을 봐도 죽이러 옵니다.

에누에누 그걸 어떻게 알아차리는 거야?

사이토 알 수 없지요.

구게펜 으에에에.

사이토 부속 문서에는 별것 아닌 풍경 사진을 본 사람이 실해딩한 예도 실려 있어요.

조개?
코비토는 가사 전반에 매우 능한 여성이다. 어떤 조개라도 간단히 조리해준다. 그녀의 손에 걸리면 타조 알이든 거대한 감귤류든 두 동강.

아아아아
부끄러운 나머지 책상에 엎드렸다. 글자만 보면 이름 입력 화면에서 A 버튼을 4연타한 것처럼 보인다.

에누에누 대체 왜?

사이토 사진 구석에 바늘구멍만한 검은 그림자가 찍혔는데, 이게 격리 전의 SCP-096이 아닌가 하고…….

에누에누 그런 거로도 습격을 당해? 얼굴을 보지도 않았는데?

사이토 카메라 쪽으로 얼굴을 향했던 거 아닐까요?

코비토 부끄럼쟁이가 얼굴의 노출 여부를 정하는 거구나.

에누에누 대체 어떻게 알아차리는 걸까?

코비토 하아. 뭘 보고 습격당하는지도 모르고, 일단 습격당하면 끝장이네.

구게펜 **그걸 어떻게 격리해?** 언제 어디에서 얼굴 사진이 노출돼서 뛰쳐나갈지 모르는데?

그걸 어떻게 격리해?
구게펜은 현실적인 태클에 매우 능한 여자다. 항상 현실을 똑바로 직시해주는 그녀는 이성을 잃기 쉬운 상황에서도 여러 가지를 발견해준다.

사이토 네. 이거라면 꽤 무서울 것 같은데, 어때요?

에누에누 무서워.

구게펜 무섭네.

코비토 SCP 객체는 다 이렇게 살벌해?

사이토 영향받은 시점에서 끝장이 나거나 스케일의 차원이 다른 게 많아요. 부끄럼쟁이도 화성에서 자기 얼굴이 찍힌 사진을 보는 사람이 있다면 아마 죽이러 가겠지요.

코비토 **우주를 넘나드는군.**

에누에누 아니, 그보다 만약 나쁜 사람이 부끄럼쟁이의 얼굴을 인터넷에 뿌리거나 TV에 노출한다면…….

사이토 네. 생각할수록 무서워지지요? 그런 부분도 특징 중 하나입니다.

구게펜 으으.

사이토 이런 SCP 객체를 관리하는 재단의 직원이 되어 다 함께 지옥을 맛본다! 그게 이번 『인세인 SCP』예요.

구게펜 으으으.

코비토 그럼 캐릭터는 비밀 조직의 직원으로 만들면 되는 거지?

에누에누 **맨 인 블랙** 비슷한 건가?

코비토 정장에 선글라스?

구게펜 **멋있겠다.**

사이토 으음. 『인세인 SCP』에서 캐릭터가 선택할 수 있는 재단 직원의 「직업」으로 세 가지를 준비했습니다. 먼저 「현장 요원」. 이 사람들은 일반 사회에서 진짜 소속을 감추고 활동하다가 이상한 현상이 일어나면 조사하러 가는 역할이에요.

우주를 넘나드는군
위험하다. 필요하면 팽창도 한다.

맨 인 블랙
봐서는 안 되는 초자연적 현상을 보고 만 사람을 찾아와서, 압력을 가하거나 기억을 조작하는 검은 옷의 요원들. 영화도 만들어졌으며, 자주 빛난다.

멋있겠다
정장을 입은 남성은 기본적으로 여성에게 인기가 매우 좋다. 사복이 미묘하더라도 얼버무릴 수 있다.

코비토 방금 말한 그런 거네.

사이토 더 평범한 차림이라도 돼요. 요컨대 스파이거든요.

에누에누 과연.

사이토 이번 시나리오는 「SCP 객체가 처음으로 발견됐을 때, 어떻게 조사하는가?」라는 내용이니 다들 현장 요원 캐릭터를 만들어주세요.

코비토 고를 것도 없었군.

사이토 나머지 두 직업을 일단 설명해두자면 「연구원」과 「D계급 직원」이 있어요.

에누에누 연구원은 대충 알겠어. 아까 그 사진 같은 걸 가지고 실험을 하는 사람이지?

사이토 네. D계급은 재단이 각국의 교도소에서 차출한 사형수인데, 사망 가능성이 매우 높은 위험한 임무를 강요받는 사람들입니다.

에누에누 D……?

사이토 **디스포저블(Disposable)**이지요.

디스포저블(disposable) 소모품이라는 의미. D계급의 D가 무엇을 의미하는지에 관해서는 여러 가지 설이 있으며, 이것은 그럭저럭 일반적인 해석.

에누에누 우와.

사이토 언제라도 터트릴 수 있는 폭탄 목걸이를 차고 있어요. 지금 재단에게 죽을지, 아니면 저 SCP 객체를 만질지를 선택하라는 식이지요.

구게펜 재단은 **악의 조직**이야?

에누에누 그럴 것 같은데.

사이토 재단 자체는 선도 악도 아니에요. 뉴트럴(중립)입니다.

에누에누 에엑. 하지만…….

사이토 인류 문명의 존속이 최대의 목적이고, 그걸 위해 D계급 직원이 필요해서 준비하고 사용한다고 보시면 돼요.

에누에누 D계급 사람들 쪽에서는 그런 거 알 바 아닐 텐데.

사이토 그렇지요. 뭐, 무의미하게 D계급을 학대하거나 죽이면 페널티도 받아요.

구게펜 그렇구나.

코비토 생각보다 더 가차 없는 세계였어.

에누에누 그럼 질문!

사이토 하세요.

에누에누 요원이나 D계급은 재단의 말단이지? 상부는 어떤 구조야?

사이토 가장 위에는 수수께끼의 멤버로 구성된 평의회가 있는 모양이지만, 말단이 아는 건 바로 위의 상사까지겠지요.

에누에누 어떤 사람인데?

사이토 이번에는 시카고 근방에 있는 제■■■■기지의 이사관, **류 씨**라는 사람입

악의 조직
그렇지는 않다. 재단은 비밀주의에 극단적이며 한없이 검정에 가까운 회색 영역에 걸쳐 있는 조직이지만, 넓게 보면 인류를 지키고자 노력하고 있다. 여하튼 SCP가 너무 위험하다. 거기에 비하면 재단이 벌이는 악행 따위는 아무 것도 아니다. ……아마도.

■■■■
문장이 이렇게 된 부분은 검게 덧칠된 것이다. SCP 관련 문서는 기밀투성이라 모르는 게 나은 정보는 가능한 한 감춘다. 특히 일시, 장소, 고유명사 등은 검게 칠해서 가린다.

류 씨
머리를 뒤로 모아 묶은, 날카로운 눈매의 남성. 체격이 다부지며, 어느 귀환병을 떠올리게 한다.

니다. 그의 명령으로 조사를 하러 가는 셈이지요.

코비토	기지? 군사 조직이야?
사이토	재단 용어입니다. SCP 객체를 격리하는 장소를 말하지요.
구게펜	음, 이해했어.
에누에누	잠깐, 시카고라고?
사이토	미국의 일리노이주입니다.
에누에누	그건 알아. **일본이 아니란 말이지.**
사이토	네. 시기는 20■■년입니다.
에누에누	추가 규칙이랑 데이터는 여기 이거지? 그럼 캐릭터 만들어볼까?
코비토	좋아.
구게펜	스파이, 스파이. 비밀 조직의 요원.
사이토	평범한 사람이라고 생각하고 만드세요. 특정한 어빌리티를 습득하지 않으면 전투 훈련도 받지 않은 것으로 보니까.
코비토	금세 죽을 것 같은데.
사이토	괜찮아요. 규칙상 간단히 재도전할 수 있으니까.
코비토	무슨 의미야?
사이토	나중에 설명하겠지만, 포인트를 소비해서 새로운 캐릭터를 사는 식입니다.

일본이 아니란 말이지
SCP 재단은 세계적인 조직이므로 각지에 지부가 있다. 국제적인 세션을 즐겨보자.

구게펜 **으음…….**

사이토 아, 맞다. 핸드아웃을 먼저 나눠드리는 게 만들기 편할까요?

구게펜 아, 부탁해.

에누에누 빨리 줘!

사이토 PC용 핸드아웃이 3장인데……. 랜덤으로 정해도 되겠지. 자요.

코비토 (카드를 뽑는다) 1번이라고 적혀 있어.

구게펜 2번.

에누에누 3번.

사이토 앞면의 【사명】은 다 똑같을 겁니다. 뒷면의 【비밀】도 보셔도 돼요.

다들 【비밀】을 보고 **표정이 바뀌었다.**

그리고 추가 규칙을 정리한 요약본과 캐릭터 시트를 펼친 지 30분.

플레이어들은 캐릭터를 완성했다.

으음……
캐릭터의 목숨이 가볍다는 것을 알아차렸는지 눈살을 찌푸렸다.

표정이 바뀌었다
눈썹을 치켜세운 사람, 축 늘어뜨린 사람, 눈코입을 한 데 모으는 사람……. 핸드아웃을 확인한 플레이어의 표정이란 언제 봐도 오묘한 재미가 있다.

2. 지구가 끝장나면

사이토→GM 그럼 번호순으로 어떤 캐릭터를 만들었는지 알려주세요.

팀 리더
타마라 요원

성별: 여성
연령: 20
직업: 현장 요원
생명력: 6
이성치: 5
호기심: 지각
공포심: 《죽음》
특기
《사격》《기쁨》《예술》
《미디어》《인류학》《꿈》
어빌리티
【기본공격】【전장이동】
【과장】【자산】
아이템: 「진통제」「진통제」
「B등급 기억 소거제」
「B등급 기억 소거제」

코비토→타마라 아, 나부터구나. 으음, 타마라 요원입니다.

GM 타마라 요원은 어떤 사람인가요?

타마라 화가야.

GM 호오.

타마라 **미대**에 다니다가 채용되어서 요원이 됐어. 아직 학생.

미대
바리에이션은 제각각이지만 개성적인 학생을 자주 볼 수 있는 타입의 학교.

GM 알겠습니다. 그림에 관련된 SCP 객체도 제법 있으니 어떤 사건에 말려들었다가 재단과 접촉했을 테지요.

타마라 사건이 끝난 뒤로는 무슨 일이 있으면 협력하는 느낌이겠군.

GM 협력하는 게 아니라 고용됐겠지요.

타마라 취직했나!?

GM 급료를 줄 테니 재단과 인류에 충성을 바쳐달라는군요.

에누에누 으음.

타마라 실제로는 어떨까? 충성을 맹세했을까?

GM C계급 이상의 재단 직원은 대체로 충성심이 강해요. **심리 테스트**가 시행되고 있다는 의미이기도 하지만…….

타마라 오오.

GM 세계에는 파악된 것만 해도 수천 가지의 SCP 객체가 있습니다. 인류 문명이 아직도 존속하고 있는 건 재단이 활약해준 덕분이며, 또한 운이 따랐기 때문입니다.

에누에누 수천…….

GM 재단의 데이터베이스에 접속할 수 있는 직원은 그 사실을 이해하고 있습니다.

심리 테스트
전형적인 로르샤흐 테스트(Rorschach test) 외에도 다종다양한 테스트가 준비되어 있다. 때로는 좋아하는 라면의 맛에 따라 충성심을 가늠하는 패턴도 있어서 재단 직원들은 웬만해서는 긴장을 풀지 못한다는 소문이 있다나 없다나.

구게펜 극단적으로 말하면, 우리가 노력하지 않으면 세계가 곧 멸망한다고?

GM 네.

타마라 그건 큰일이네……. 학교나 다닐 때가 아니야.

GM 재단의 일을 우선하라는 것뿐이니 학생으로 있어도 돼요. 미대생이라면 시간을 융통성 있게 활용할 수 있을 것 같은데요. 위장용으로는 좋지요.

타마라 융통…… 성……? ……. 그래. 응. **그렇다고 해두자.**

구게펜 **대외적인 직업**이 있어도 된단 말이지?

GM 네. 이로써 평소에는 일개 미대생으로 지내다가 괴사건이 일어나면 바로 조사하러 나가는 타마라 요원이 완성됐습니다. 이번 조사팀의 리더예요.

타마라 그렇구나. **세상에.**

GM 이제 구게펜 씨의 캐릭터 차례인데요.

그렇다고 해두자
자체 휴강의 수를 살짝 늘렸다.

대외적인 직업
일반 시민으로 행세하며 주위에서 기묘한 사건이 생기지는 않는지 감시하는 현장 요원. 그들의 공식적인 직업은 다양하다. GM은 캐릭터의 사회적인 직업을 고려하여 시나리오를 고안할 수도 있다.
같은 SCP라도 밤의 오피스 빌딩에서 잔업 중인 PC의 앞에 나타나는 경우와 초등학교 소풍 때 아이들을 인솔 중인 PC의 앞에 나타나는 경우는 상황이 전혀 다를 것이다.

세상에
설마 자신이 리더가 될 줄은 생각지도 못 해서 동요했다.

언젠가 자기 가게를 가지고 싶어하는
마리 요원

성별: 여성
연령: 21
직업: 현장 요원
생명력: 6
이성치: 6
호기심: 기술
공포심: 《종말》
특기
《연심》《소리》《제육감》
《정리》《교양》《민속학》
어빌리티
【기본공격】【전장이동】
【규율】【지연】
아이템: 「진통제」「부적」

구게펜→마리 마리 요원입니다. 위장단체 출신이라는데, 이게 뭐야?

GM 재단의 공식적인 얼굴이에요. 무수한 기업이 있는데, 전부 머리글자가 **S와 C와 P**입니다.

마리 진짜?

GM 진짜예요.

타마라 전화번호부에서 찾을 때 편하겠다.

마리 으음. 그럼 위장단체로 경영하는 커피숍으로…….

GM S** Coffee P**…….

에누에누 그냥 시카고라고 해도 되지 않을까?

S와 C와 P
「S」「C」「P」로 시작하는 단어 세 개를 떠올리기만 해도 당신의 기업이 그럴듯한 위장단체로 변신! 산랄탕면, 챠슈 라멘, 피단 라멘을 조합하면 라면 SCP 객체에 특화한 돼지비계 챠슈 기업이 완성.

GM	……. 이거다! Super Coffee Power.
일동	(웃음)
마리	강해 보이네.
에누에누	사흘간 안 자도 **이거 한 잔이면 괜찮아!**
마리	너무 대놓고 체인점 같은 이름인데. 좀 더 개인이 경영하는 가게다운……. 럭셔리한 느낌의…….
GM	어어, Sarah's Coffee Portal?
에누에누	고유명사가 들어갔다!
마리	사라 씨네 가게구나.
타마라	포탈……. 왠지 **판타직**한걸.
GM	점장인 사라 씨는 로브를 입고 있고, 주된 손님은 판타지 팬.
마리	**난 안 입어!!**
타마라	에~
에누에누	**오타쿠와 럭셔리의 경계선**에 있는 가게인가?
GM	사라 씨는 상급 요원인데, 「더 벌이가 좋은 알바 해볼 생각 없어?」라고 마리를 꼬셨습니다. 정신 감정이나 능력 검정에 뛰어난 성적으로 합격해서 마리 요원 완성.
마리	응. 이런 일이라고는 생각도 못 했겠지만.

이거 한 잔이면 괜찮아!
컵 안에 담긴 황금색 액체는 날개가 돋을 듯한 향을 풍기고 있었다.

판타직
재글리쉬. 포탈이라는 말을 듣고 떠오르는 것이 판타지인가, SF인가, IT 계열인가는 사람에 따라 다른 듯하다.

난 안 입어!!
생각 이상으로 과격한 거부였다. 마리가 생각하는 미적 기준과는 어울리지 않는 모양이다.

오타쿠와 럭셔리의 경계선
이음매를 상징하는 색은 검정. 검은색은 적절하게 사용하면 사람을 진정으로 럭셔리하게 만들어준다. 남용은 죽음을 의미하지만.

GM 불가사의한 사건이 일어날 때마다 현장에 파견됩니다. 직속 상사인 류 이사관은 「죽을 수도 있겠지만 조사 좀 하고 와」라고 가볍게 대하는군요.

타마라 그래도 돈은 많이 벌잖아?

마리 그렇지. 어디 내 가게만 열어 봐. 무슨 일이 있어도 때려쳐주겠어.

타마라 때려치면 지구가 위험한데!?

마리 다른 요원들도 열심히 일하고 있으니까 나 하나 정도는 괜찮아.

GM 그만둘 때는 기억을 지웁니다. 여러 가지 의미로 안심이지요.

에누에누 가게를 열고 싶다는 건 옛날부터 생각했던 거니까 **기억 소거**로는 지울 수 없지?

GM 인격 소거 같은 C등급 기억 소거라면 지울 수 있습니다.

마리 으으.

GM **쓰레기통** 안에서 눈을 떴더니 손에 쥔 메모장에는 「내 이름은 마리. 은행 계좌에 30만 달러가 있어」라고 적혀 있다는 전개 어때요?

일동 (웃음)

에누에누 **비밀번호**도 제대로 써둬야지.

기억 소거
가볍게 칙 뿌리는 스프레이부터 인격을 통째로 포맷하는 주사에 이르기까지 재단은 용도에 맞춘 다채로운 기억 소거 수단을 보유하고 있다.

쓰레기통
기억을 지운 건 그렇다 쳐도 쓰레기통에 넣는 건 대체 무슨 심술이야?

비밀번호
리스크를 피하려고 생일도, 전화번호도, 부모의 결혼기념일도 아닌 번호로 설정했더니 전혀 기억이 안 나서 울상을 짓곤 한다.

마리 이상적인 가게의 배치도라도 꼼꼼히 그려두자…….

GM 그럼 마지막으로 에누에누 씨의 요원은 어떤 사람인가요?

녹화해서는 안 될 것을 녹화하는
밀리아 요원

성별: 여성
연령: 20
직업: 현장 요원
생명력: 6
이성치: 6
호기심: 지각
공포심: 《혼돈》
특기
《웃음》《친애》《전자기기》
《추적》《카메라》《생물학》
어빌리티
【기본공격】【전장이동】
【내부 자료】【짐작】
아이템: 「부적」「B등급 기억소거제」

에누에누→밀리아 이름은 밀리아 요원으로 했어. 동영상 촬영을 하는데, 역시 학생이겠지? 위장단체에서 알바했을 때 채용됐어.

GM 그럼 Super Camera Power.

일동 (웃음)

밀리아 싼티 나……. 척 봐도 양판점(量販店)이잖아.

타마라 거대 체인점이겠지.

마리 이거, **한가운데의 C**만 바꾸면 Super *** Power라는 범용성 높은 서식으로 쓸 수 있겠는데?

GM 곤란할 때마다 씁시다.

밀리아 동영상 촬영에 정열을 불태우는 작달막한 여자애야. 직접 동영상 사이트를 운영하며 활동하고 있는데, 가지고 싶은 **기재**를 전부 못 사서 카메라 가게에서 아르바이트.

타마라 흠흠.

밀리아 최신 기재를 연구하면서 **직원 할인**으로 싸게 기재를 살 수 있으니 일거양득이잖아.

GM 그렇다면… 점장이 쩔쩔매며 굽신거리는, 비싸 보이는 정장 차림의 남성이 「최신 기재를 사용해보고 싶나?」라고 말을 걸고…….

밀리아 「그야 물론!」

GM 대답하자마자 눈앞에 하얀 빛이 번쩍! 눈이 빛에 적응하니 본 적도 없는 새하얀 방에서 새하얀 의자에 앉아 있었습니다.

밀리아 「허?」

마리 뭐지?

한가운데의 C
간단한 예로 츄카소바(중화소바), 차오판(중국식 볶음밥) 정식 등을 꼽을 수 있으리라.

기재
카메라 관련 기재는 여하튼 비싸다. 별 생각 없이 카메라를 고정하기 위한 받침대 따위의 가격을 확인하는 순간 눈이 튀어나올 만큼 놀랄 것이다.

직원 할인
소위 말하는 「직원 할인가」로 자사의 제품을 살 수 있는 유용한 제도. 매달 급료의 대부분이 여기에 날아가는 사람도 많다나.

밈 오염
SCP 세계를 상징하는 개념 중 하나. SCP 중에는 해당 SCP를 아는 자의 정신에 파고들어 본인의 의사와 관계없이 행동이나 의식을 바꿔버리는 것이 있다. 이런 위험한 정보의 전달을 밈 오염이라고 한다. 밈 오염에는 2차 감염을 일으키는 것도 있다.

지구가 상당히 위험하다
팽창은 하지 않지만, 대체로 푸르다. 이건 위험하다.

하하하
말라서 딱딱해진 볶음밥 같은 웃음.

GM	채용 시험 후에 기억이 지워진 거지요. 벽의 비밀 문이 열리더니 그 남자가 들어와서 말했습니다.「자네는 정말 우수한 성적으로 시험을 통과했다. **밈 오염**의 징후도 없어. 다시 한 번 계약과 일의 내용을 이야기하도록 하지.」
밀리아	아와와와와. 터무니없는 곳에 와버렸다…….
GM	그래서 실은 **지구가 상당히 위험하다**는 이야기를 듣고, 증거를 잔뜩 보고…….
타마라	「나와 같은 조사팀이네!」
밀리아	「자, 잘 부탁해.」
마리	알고 보면 학교도 같은 거 아니야? 영상학과라든가.
GM	아마 그렇겠지요.
밀리아	장래에는 영상 작가가 될 생각이었지만……. 알고 보니 인류가 절박한 위기에 처해 있었다!
타마라	지구가 끝장나면 작가고 뭐고 없으니까!
마리	「**하하하.** 이쪽 세계에 잘 왔어!」
밀리아	너 왜 그렇게 피곤해 보여?
GM	조금만 잘못 건드려도 인류 문명이 멸망할 만한 객체를 일상적으로 상대하니까요. 인간이 처한 상황을 똑바로 파

	악하는 것만으로도 스트레스에 시달리겠지요.
마리	그런 거야.
타마라	인류를 지켜야만 하는 사람들.
밀리아	히어로잖아!
마리	하지만 D계급 같은 걸 써먹는단 말이지.
GM	D계급 직원은 필요해서 차출하는 겁니다.
마리	그리고 바로 목숨이 오락가락하는 일을 떠맡기지?
GM	그야 뭐…….
마리	재단은 굿? 배드?
밀리아	네서세리?
GM	그겁니다. 네서세리에요.
마리	무슨 뜻인데?
GM	필요하다는 거지요.
타마라	쓰지 않아도 된다면 D계급 따위 쓰고 싶어하는 사람은 아무도 없어.
GM	그렇지요. 적어도 미션 담당의 목적은 D계급 직원이 **재미있게 죽는 것을 보며 비웃는** 것이 아닐 겁니다.
타마라	어, 그래?
GM	그렇다니까요.

재미있게 죽는 것을 보며 비웃는
D계급 직원은 종종 재미있게 죽는데, 그것을 보고 웃음이 터질 수도 있긴 하다. 그건 어쩔 수 없지만, 웃음이 멈추지 않는 것 같다면 상사에게 보고하고 재단의 의사에게 카운슬링을 받자.

똑같은 입장
현장 요원도 종종 재미있게 죽는다.

밀리아 갑자기 수상해졌는데…….

GM 그렇게 따지면 현장 요원도 **똑같은 입장**이라구요.

마리 그건 그렇지.

GM 하여간 지금 소개한 세 사람으로 이번 세션을 해볼까 합니다. 시작할까요?

일동 예!

도입 페이즈

GM 우선 도입 페이즈부터. 캐릭터가 어떻게 사건에 관여했는지를 묘사하는 페이즈입니다만, 『인세인 SCP』라면 보통 다 함께 상부의 지령을 받겠지요. 이번에도 마찬가지이므로 모두의 장면을 **한 번에 처리합니다.**

마리 호이호이.

GM 20■■년, 일리노이주 시카고.

타마라 공중에서 내려다보는 앵글로 도시에 CG 문자가 박히는 그런 연출?

밀리아 무슨 드라마 같다.

GM 장소는 상업 지구 변두리의 망해가는 피자 가게입니다. 빨강 하양 체크무늬의 비닐 식탁보를 씌운 싸구려 테이블에 셋이 모여 있고, 한가운데에 **딮 디쉬**가 잔뜩 있습니다.

타마라 그렇구나. 명물이지.

마리 기왕이면 좀 더 괜찮은 가게를 고를 것이지.

GM 제■■■■기지의 이사관인 류라는 인물이 작전 장비로 이 가게에 오라고 연락했습니다.

밀리아 작전 장비?

한 번에 처리합니다
전원의 오프닝을 한꺼번에 처리할 때의 이점은 무엇보다도 세션의 시간을 대폭 단축할 수 있다는 점이다. 문제가 있다면, 예컨대 게임 마스터가 「캐릭터들은 모두 죽었다. 종료」라는 오프닝을 짰을 때 그것을 누구도 피할 수 없게 된다는 것 정도일까?

딮 디쉬
어지간한 파이 만큼 두꺼운 시카고 피자.

GM	소형 인터컴입니다. 그걸 통해 서로 이야기를 나눌 수 있습니다. 류의 연락도 실시간으로 옵니다.
마리	이사관은 현장에 없는 거구나. 하긴 그렇겠지.
타마라	총이라도 받을 수 없을까?
밀리아	받고 싶은데. 임무의 내용은 모르지만, 당연히 있겠지?
GM	처음에 아이템으로 「무기」를 선택했다면 가지고 있겠지요?
타마라	없다는 거네.
마리	쫀쫀하기는.
GM	차차 설명하겠지만, 무장한 전투 부대를 부를 수도 있어서 굳이 직접 가지고 다닐 필요는 없어요.
밀리아	아무튼 자리에 앉아 **피자 먹고, 커피 마시고**…… 그러고 있으면 인터컴으로 임무를 설명해주는 거지?
GM	네. PC 세 사람의 【사명】은 모두 같습니다.

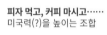

피자 먹고, 커피 마시고…… 미국력(?)을 높이는 조합

핸드아웃: PC

【사명】: 당신은 SCP 재단의 현장 요원이다. 당신의 【사명】은 괴사건을 조사하고, 그것을 발생시키는 SCP 객체를 확보해서 격리할 수 있게끔 하는 것이다.

밀리아 음. 뒷면의【비밀】은 각자 달라?

GM 그건【비밀】이니 말해드릴 수 없지요.

마리 타마는 캐릭터 만들 때 GM이 **옆방**으로 데려갔지. 보나마나 다르겠네.

타마라 무슨 말인지 난 잘 모르겠는데?

GM 그러게 말이죠.

마리 너무 수상해.

밀리아 제■■■■기지의 이사관이라는 류 씨는 우리가 아는 사람이야?

GM 네. 핸드아웃도 있어요.

핸드아웃: 류 이사관

개요: 시카고 근방의 격리 시설인 제■■■■기지의 이사관. 젊은 남성으로, 이번 조사를 지휘하고 있다. 아마도 프랑스계.

밀리아 단편적이네.

GM 보충하자면 군인 출신입니다. 전직 특수부대. 지금은 재단의 관리직이에요.

마리 이 녀석이 우리를 막 부려먹는 거군.

타마라 에이, 인류를 위해서잖아. 그리고 개업 자금도 필요하지 않아?

밀리아 류 씨는【비밀】있어? 있겠지……?

GM 네.「수신 상태를 확인하라.」라는 말을 시작으로 임무의 내용을 설명합니다.

옆방
【비밀】의 내용을 확인할 때, 게임 마스터와 해당 플레이어가 다른 방으로 이동해서 몰래 이야기를 나눌 때가 있다. 이때, 발치에서 푹신푹신한 것이 스쳐 지나가면 그 플레이어에게는 절대적인 행복이 찾아온다고 한다. 모험기획국에서는 항상 개가 활보하고 있으므로 조금 더 유리하다.

마리 「양호해요.」

타마라 주위의 손님들을 신경 쓰면서 들을게.

GM 다른 손님은 없어요. 지저분한 탱크톱을 입은 주인이 카운터 안에서 언짢은 얼굴로 작은 TV를 보고 있군요.

좀 럭셔리한 데로
럭셔리란 사소한 것이 쌓여서 비로소 이루어진다. 예를 들어 이 상황을 멋있게 꾸미려면 주인에게 검은 테의 안경을 씌우거나 탱크톱을 검은색으로 바꿔야 한다.

마리 장소를 좀 **럭셔리한 데**로 잡을 것이지……!!

밀리아 「피자를 전자레인지에서 꺼내는데?」

타마라 으와아…….

GM 이 근처는 사람이 별로 없네요. 주변의 핸드아웃은 여기 있습니다.

핸드아웃: 상업 지구

개요: 사건이 일어난 건물 주변의 망해가는 상업 지구. 통행량은 그리 많지 않으며, **셔터가 닫힌 가게가 수두룩한 시골 상가** 같은 인상이다.

셔터가 닫힌 가게가 수두룩한 시골 상가
망해가는 상점가의 가게가 셔터를 내려두는 광경은 세계 공통인 모양이다.

타마라 「사건이 일어난 건물?」

GM 피자 가게는 사거리 구석에 있는데, 반대쪽에 있는 건물이 이번 조사 대상입니다.

마리 「저거네, 저거.」

밀리아 어떤 건물이야?

GM 낡은 3층 건물입니다. 이사관의 말로는 「1층의 카페에서 스태프가 집단 식중독을 일으켰다는 뉴스가 그저께 보도됐다」고 하네요.

타마라 「식중독을 조사하라는 건가요?」

마리 「그런 건 보건소가 할 일이잖아?」

GM(이사관) 「그건 재단이 유포한 **커버 스토리**다. 진실은…….」

커버 스토리
진상을 숨기기 위해 그럴듯하게 만든 이야기.

타마라 진실은?

GM 이겁니다.

핸드아웃: 1F 카페

개요: 스트레스. 사흘 전부터 이 가게의 오너를 비롯한 점원 7명이 특이한 긴장병 발작을 일으켰고, 그 중 네 명이 자해 또는 알 수 없는 원인으로 사망했다. 옥상 열쇠는 이곳의 백야드에 있다.

밀리아 「스트레스」?

GM 이걸 조사하러 가면 【광기】를 1장 뽑아야 해요. 무서우니까.

타마라 에엑.

마리 있는 그대로 생각하면…… 여기에 있는 무언가 때문에 사람이 죽었으니까?

GM 네.

밀리아 옥상 열쇠……. 으음.

마리 경찰은 뭘 하고 있는데?

GM 재단의 압력으로 수사를 도중에 중지했습니다. 빌딩을 봉쇄한 정도에요.

마리 맙소사.

타마라	재단이 그렇게 대단해?
GM	사실상 세계를 지배하고 있다고 해도 과언이 아니지요. 손을 대는 건 SCP 객체와 관련된 사건뿐이지만.
밀리아	하아.
타마라	특이한 긴장병이라는 것도 신경 쓰이는데. 「정보 좀 더 없어요?」
GM(이사관)	「2층의 세입자도 비슷한 증상으로 죽었어. 참고가 될 테지.」
타마라	보여줘.

핸드아웃: 2F 회계 사무소

개요: 스트레스. 건물 주인의 동생인 회계사 레이 파운더스가 경영하는 사무소. 그는 어제 자택 세면장에서 사망했다. 면도칼로 자기 **눈꺼풀**을 도려내고 졸도할 때까지 거울 앞에 서 있었던 것으로 보인다.

눈꺼풀
아이섀도를 칠하거나 자는 사람에게 눈을 그리기 위한 신체 부위.

타마라	눈꺼풀!
마리	우와아아. 조사하기 싫다.
밀리아	이런 거 시러어!
GM	그래서 스트레스가 붙어 있는 겁니다.
밀리아	혹시 그 건물의 모든 층이 그런 상황?
GM	네.
타마라	그렇구나…….
밀리아	「사망자는 지금까지 넷 플러스 한 명?」

CHICAGO ILLINOIS
POLICE LINE DO NOT CROSS

마리 「응. 3층에서 누가 더 죽지 않았다면.」

타마라 「아직 세 명 살아있긴 하지만, 이상한 증상을 보이고 있대.」

GM(이사관) 「3층은 비었어. 그리고 옥상이 있지.」

핸드아웃: 3F 빈 층

개요: 스트레스. 이 층에는 세입자가 없다. 네 개의 빈방이 있을 것이다. 열쇠는 메인 도어 앞의 도어 매트 아래에 있다.

핸드아웃: 옥상

개요: 스트레스. 비밀 흡연구역이 있는 옥상. 올라가는 문은 잠겨 있다.

밀리아 여기는 먼저 카페에서 열쇠를 회수해야 들어갈 수 있네.

GM 적당한 특기를 사용한 판정으로 **피킹**을 하든지 문을 부수면 열쇠가 없어도 됩니다. 그런 부분은 유연하게 처리하겠습니다.

밀리아 「류 이사관, 질문이 있는데요.」

GM(이사관) 「뭐지?」

밀리아 「죽지 않은 세 명은 지금 어디에 있나요?」

GM 두 명은 혼수상태에 빠져 재단의 **위장단체가 운영하는 병원**에 있어요.

타마라 「정보는 입수 못 하고요?」

피킹
헤어핀 따위를 사용해서 자물쇠를 여는 행위.

위장단체가 운영하는 병원
SCP가 원인일 가능성이 있는 미지의 현상으로 발생한 피해자는 일반 병원에서 관리하기에는 너무 위험하므로, SCP 재단 관련의 병원이 적극적으로 격리해서 조사한다. 병원을 찾은 일반 환자를 진찰하다가 새로운 SCP를 발견할 때도 있다.

GM(이사관)	「유감스럽게도.」
마리	「잠깐. 한 명 더 있잖아?」
GM	네. 건물과 1층 카페의 오너인 조르쥬 파운더스 씨는 비교적 건강합니다. **핸드아웃도 있어요.**

핸드아웃도 있어요
나름대로 중요한 인물이라는 증거.

핸드아웃: 격리실

개요: 건물과 카페의 오너인 조르쥬 파운더스를 격리한 방. 시카고 근방의 격리 기지에 있다.

마리	「붙잡았어? 왜?」
GM	언동이 이상하거든요.
타마라	이 격리 기지는 류 씨가 있는 곳이야?
GM	다른 곳입니다. 건물 근처에 있는 지하 시설인데, 거리는 걸어서 10분 정도.
밀리아	그럼 조르쥬 씨한테는 이야기를 들어볼 수 있겠네.
마리	이사관이 먼저 물어볼 것이지.
GM	그건 현장 요원이 할 일이라서요. 게다가 **이야기를 들은 것만으로도 사람을 미치게 하는 SCP 객체**도 있으니까 일단 격리해둔 단계입니다.
마리	아, 네. 그러시겠지요. 위험한 건 다 말단이 떠맡아야지.
밀리아	그만, 그만. 「이사관, 그 건물 지은 지 몇 년 됐어요?」

이야기를 들은 것만으로도 사람을 미치게 하는 SCP 객체
잔뜩 있다.

GM	기록은 있을 법하네요. 설정은 안 했지만.
타마라	그럼 안 중요하단 거지?
GM	네. 20년에서 30년 전쯤?
밀리아	「갓 지은 건물은 아니란 말이군요.」
타마라	「카페나 회계 사무소는 지금까지 멀쩡히 운영했으니, 건물 자체에 문제가 있다기보다는 뭔가 새로 일어난 걸 테지.」
GM	그렇겠네요.
밀리아	으음…….
마리	**죽기 싫어.**
밀리아	「이사관. 객체의 영향력을 어느 정도로 상정했는지 알려주세요.」
타마라	그건 나도 알고 싶어.
마리	최악의 경우로.
GM(이사관)	「……. 최악의 경우, **건물 자체**가 들어가기만 해도 이상 행동을 유발시켜 사람을 죽이는 객체일 가능성도 고려할 수 있다.」
마리	「에엑…….」
GM(이사관)	「하지만 경찰이 드나들고 며칠이 지났다. 그런 타입은 아닐 가능성이 커.」
밀리아	들어가서 오래 있으면 죽는 거 아니야?
GM	「그럴 수도 있지.」라는군요.

죽기 싫어
본심.

건물 자체
SCP 객체의 사이즈에는 따로 제한이 없다. 토지 자체나 [편집됨]이 SCP인 경우도…….

타마라 으으음.

마리 「저기요, D계급 직원은 못 쓰나요?」

GM(이사관) 「**시가지**에서?」

밀리아 되는 데까지 조사해보고, 그다음에 무작정 돌입했다가 재수 없으면 죽는 패턴이네…….

GM 류는 「인류를 위해서다. 지원은 할 수 있는 데까지 하겠다.」라고 말합니다.

마리 「또 그거냐…….」

GM 아, 참. 「말할 것도 없겠지만, 재단의 요원이라는 것을 외부의 인간에게 들키지 않도록 행동해라.」라고 덧붙입니다.

밀리아 현장 요원은 제복 있어?

GM 없어요. D계급한테는 있지요. **주황색 죄수복 같은 옷.**

일동 (힘없이 웃음)

GM 연구원은 대체로 백의예요. 현장 요원이라면 기지에서 내근할 때는 정장을 입는 모양이지만, 바깥에서는 사복 아닐까요?

밀리아 사복이겠지.

GM 어떻게 차려입었나요?

밀리아 어쩌지. 카메라 들고 다닐 테니……. 움직이기 쉬운 **다운 재킷?**

시가지에서?
시가지에서 사람 목숨을 마구 내다 버릴 수는 없다. 아니, 다른 곳에서도 그러면 안 된다.

주황색 죄수복 같은 옷
소위 말하는 점프 슈트. 의외로 멋있을지도.

다운 재킷
깃털을 가득 채운 나일론 방한복. 가볍고 따뜻하다.

타마라	이 지역에 녹아들 만한 촌스러운 옷이면 되지 않을까?
밀리아	촌스러운 옷?
타마라	순록 얼굴이 그려진 스웨터 어때? 죽여주게 쿨해.
마리	너 그런 걸 입고 있니?
밀리아	지금 크리스마스 시즌이야?
GM	한 달쯤 전에 지났어요.
타마라	난 시즌 같은 거 신경 안 써.
마리	왜? **노린 거야?**
타마라	노린 거야. 이 동네랑 어울리잖아?
밀리아	굳이 그런 디자인일 필요는 없잖아?
마리	「넌 나이도 어리니까, 좀 더…….」
타마라	「아니, 이런 **어글리 스웨터**가 딱 좋아. 엄마가 딸에게 옷 사주면 보통 이런 거 사주잖아?」
밀리아	에에에에…….
타마라	이 동네 사람처럼 보이지?
GM	그러네요.
마리	안타깝다.
밀리아	시즌도 지났고, 받은 옷으로밖에 안 보이고…….
타마라	「내 센스를 못 믿는 거야?」

노린 거야
멋쟁이를 관철하고 싶을 때 흔히 사용하는 표현.

어글리 스웨터
서양에서 크리스마스 시즌에 할머니에게 선물 받는, 희한한 무늬의 스웨터. 인터넷에서 사진을 검색해보면 보기에도 화려한 빨강, 초록, 기타 요란한 무늬가 쏟아져 나와 머리가 따라가지 못한다.

일동	…….
타마라	「어? 뭐야, 그 침묵? 못 믿는 거지?」
마리	예술가의 센스는 이해 못 하겠다는 생각이 들었어.
밀리아	**카메라발 잘 받으니** OK.
타마라	「아니아니, 너희 몫도 준비했으니 꼭 입어 봐!」
마리	「어? 필요 없어!」
밀리아	**「고마워!」**라고 말하면서 가방에 쑤셔 박았다고 할까.
GM	허허어.
마리	참고로 난 카페 점원 같은 차림이야. 열심히 어필해야지!
GM	다들 따로 노네요.
밀리아	그러게.
타마라	**노리고 그런 거야.**
GM	하긴 따로 행동할 때도 있으니까요. **다들 똑같은 의상**이면 지나가는 사람들의 주의를 끌겠지요.
마리	그럼 조사를 시작할까.
밀리아	추가 규칙은 「스트레스」뿐?
GM	아, 이 리포트 시트를 사용합니다.

카메라발 잘 받으니
역시 흑백보다 컬러가 카메라발을 더 잘 받는다. 맛있는 초콜릿 도넛보다 색이 진하고 별스러운 컬러링의 도넛이 화면에서는 더 먹음직스럽게 보이는 것처럼.

「고마워!」
이루 말할 수 없는 커뮤니케이션 능력이 느껴지는 말투.

노리고 그런 거야
편리하군요, 「노리고」라는 말. 기억해둡시다.

다들 똑같은 의상
시카고에서 「쌍둥이 코디네이트」가 유행할지 예측하라니, 무리거든!? 게다가 이 경우는 「세쌍둥이 코디네이트」가 되어버리거든!?

아직 완성되지 않았기 때문 개발 중인 게임 특유의 현실감 넘치는 묘사.

이 종이에 정보를 모읍니다 아날로그식이지만 확실한 방식이다. 온라인 세션이라면 「공유 메모」 등을 활용하자.

게임 마스터는 클리어 파일에서 백지를 꺼냈다. 리포트 시트가 아직 **완성되지 않았기 때문**이다.

밀리아 웬 종이야?

GM 포스트잇도 있습니다.

타마라 이건 뭐에 쓰는데?

GM 세션 기록용 세이브 파일 같은 거예요. 기억이 지워지거나 캐릭터가 죽어서 교체될 때가 있으므로, **이 종이에 정보를 모읍니다.**

마리 아항.

GM 세션에서 조사한 【비밀】은 각 사이클이 끝날 때 리포트로 보냅니다. 그러면 【비밀】 1개마다 【진척】을 1점 획득할 수 있습니다.

밀리아 흠흠.

GM 【진척】을 소비해서 「재단의 지원」이라는, 재단이 직원에게 제공하는 다양한 서비스를 받을 수 있어요. 리스트가 어딘가에 있을 겁니다.

마리 여기 있다.

밀리아 ……. 이거구나. 전투부대.

GM 시작할 때의 【진척】은 2점입니다.

타마라 전투부대는 아직 못 불러. 전문가 파견이랑……. 아, 죽은 C계급 직원의 보충도 가능하네.

마리 1점으로 빈자리를 채울 수 있어!

타마라 **두 명까지는 죽어도 되네.**

GM 네. 그리고 리포트 시트에는 세션 동안 일어난 일을 포스트잇에 써서 붙일 수 있습니다. 이것은 사이클이 끝날 때만이 아니라 언제든지 할 수 있어요.

밀리아 알았어.

GM 우선 요원들의 이름을 써볼까요?

마리 응.

GM 기억을 잃으면…….

타마라 이게 도움이 되겠지.

밀리아 **지금까지 들은 것**도 써둘까.

현장 요원들은 리포트 시트에 각자 서명했다.

이사관에게 얻은 핸드아웃 외의 정보를 포스트잇에 써서 리포트 시트에 하나씩 붙인다.

무슨 일이 일어났는지 잊지 않기 위해서.

inSANe
SCP
Secure. Contain. Protect

두 명까지는 죽어도 되네
기본 규칙책인『인세인』에서는 플레이어 캐릭터가 클라이맥스 전에 죽는 일이 없지만,『인세인 SCP』에서는 메인 페이즈에서도 그냥 죽는다.

지금까지 들은 것
세세한 의문이나 알아차린 사실을 적어서 붙여두면 나중에 도움이 될 수도 있고, 그렇지 않을 수도 있다. 여하튼 리포트 시트에 포스트잇을 잔뜩 붙이다 보면 조사를 한다는 실감이 들어 재미있다.

메인 페이즈 제1사이클

GM 그럼 메인 페이즈입니다. 지금은 현장 건너편에 있는 피자 가게의 좌석에 앉아 있는 상황. 이사관이 「상황을 보고하라」라네요.

타마라 「건물 주변은 한적합니다. 건물 자체에는…… 밖에서 보기에는 이상한 점은 없네요.」

이상한 건 네 옷차림
빨강에 녹색에 정신 없는 무늬. 우는 아이도 뚝 그치는 어글리 스웨터다.

마리 「**이상한 건 네 옷차림** 정도겠지.」

타마라 「하아?」

GM(이사관) 「임무에 지장이 있는 복장인가?」

타마라 「아닌데요?」

밀리아 「독특하긴 한데, 괜찮지 않을까요?」

GM(이사관) 「그럼 임무를 다시 설명한다. 건물을 최우선으로 조사해라. 괴현상의 원인을 밝혀내고, 그것이 SCP 객체가 될 만한 것이라면 확보해라.」

밀리아 「최우선이라는 건 그 밖에도 조사할 것이 있다는 거네요.」

GM(이사관) 「그야……. 조르쥬 씨의 이야기라든가. 들어보고 싶다는 기분도 들지 않나?」

밀리아 (웃음)

타마라 들어봐야 하지 않을까~ 하는 정도?

밀리아	그렇지…….
GM	정보재해가 아니라면 좋겠네요.
마리	응?
타마라	뭐야? 꽤 멋있는 단어네.
GM	**들으면 웃다가 죽는 농담**처럼 인간에게 해를 입히는 정보를 말합니다.
밀리아	그런 게 많아?
GM	많아요.
마리	죽어?
GM	죽을 때도 있어요. 사람 사이에서 감염이 일어나는 것과 일어나지 않는 것이 있는데, 전염하지 않는 것은 인식재해라고도 부릅니다.
타마라	어, 예를 들자면?
GM	보면 미쳐서 죽는 항아리는 인식재해를 일으킵니다.
타마라	음.
GM	반면, 들으면 웃다가 죽는 농담이 있다고 치고, 죽을 때까지 사흘의 여유가 있으면 정보재해예요.
밀리아	아하, 옮으니까!
마리	재미있는 이야기를 들었다면서 남에게 이야기하고 다니다가 다 죽는 건가.

들으면 웃다가 죽는 농담
『몬티 파이선의 날아다니는 서커스』(BBC) 관련 소재. 2차 대전 중 영국의 인기 없는 작가가 세계에서 가장 웃긴 농담을 발명해서 혼자 웃다가 죽었다. 원고를 본 이들이 잇달아 죽는 와중에 영국 육군은 이 살인 농담을 대독일 병기로 쓰려 하는데…… 라는 내용의 스케치 코미디. 「농담 전쟁」, 「세상에서 가장 웃긴 농담」으로 알려진 이 스케치는 정보재해가 얼마나 대응하기 어려운 것인지를 잘 보여준다.

GM	네. 『인세인 SCP』의 용어집에서는 둘 다 「정보재해」로 정리했습니다. 어느 쪽인지 모르는 게 더 무섭잖아요.
타마라	그야 그렇긴 한데.
밀리아	요컨대 유일한 생존자인 조르쥬 씨가 그 정보재해에 감염됐을지도 모른다?
GM	그런 성질의 객체가 많아서 상급 직원은 의심스러운 것과 직접 접촉하는 일이 별로 없어요. 경계하는 게 일반적이지요.
마리	그렇겠지.
밀리아	누군가는 만나봐야겠지. ……누군가는.
마리	현실도피 하지 마!
밀리아	어째 인류를 위해 일한다는 거 힘드네. 누가 표창장 주는 것도 아니고.
GM	죽으면 훈장이 나올 때도 있는 것 같아요. 그리고 유족에 대한 케어는 만전일 겁니다.
타마라	ㅇㅇㅇ.
밀리아	「누가 만나러 가야 하나~?」
타마라	「이럴 때는 심리학에 밝은 사람이 가야지?」
밀리아	**「이 피자 맛있네!」**
마리	우물우물.

「이 피자 맛있네!」
자연스럽게 화제를 바꾸는 커뮤니케이션 수법.

타마라	「이럴 때는 심리학에 밝은 사람이 가야지?」
밀리아	…….어어, 우선 이 팀이 임무를 받았다는 걸 잊어버려도 문제없도록 잠시 동영상 좀 찍고.
GM	네.
밀리아	찍은 동영상은 **■■■■(유명한 서비스명)**에라도 올려놓고, 영상 코드를 잔뜩 붙여서 기록을 남겨둬.
GM(이사관)	「잠깐……. ■■■■(유명한 서비스명)는 삼가 줘.」
일동	(웃음)
마리	퍼질 테니까.
GM	리포트는 말이지요, 재단의 서버에 **투다다닥** 업로드한다고 보면 됩니다.
밀리아	우리 얼굴도 올려도 돼?
GM	목록에 실릴 것도 아니니 뭐든지 올려도 돼요.
밀리아	그렇단 말이지…….
GM	자. 사거리의 대각선 방향에는 집단 식중독이 일어난 것으로 처리된, 현재 아무도 없어야 할 건물이 있습니다.
밀리아	이쪽에서 보면 경찰이 서서 출입 통제라도 하고 있으려나?

■■■■(유명한 서비스명)
정사각형의 사진이나 동영상을 공유하는 럭셔리한 분위기의 SNS라든가 그런 종류.

투다다닥
강렬한 효과음. 딱히 총을 난사하는 소리는 아니다.

GM 출입 통제 테이프는 붙어 있지만 사람은 없어요.

밀리아 흐음.

마리 수사권 받아냈다고 했지?

타마라 아까 그렇댔어.

GM 상업 지구 자체에는 사람이 드문드문 보입니다. 어딘가로 걸어가거나, 인기 없어 보이는 가게에 들어가거나 하네요.

밀리아 길을 사이에 둔 반대쪽에 우리가 있는 거지?

GM 그래요.

밀리아 나를 포함해서 상태가 이상해 보이는 건 있어?

GM **조킹**인가요? 상업 지구에 관한 정보는 상업 지구를 조사해야 할 테고, 본인의 상태가 이상한 경우는 【비밀】에 적혀 있어요.

마리 「그냥 조사해야겠네.」

타마라 「응.」

마리 「카페를 말이지.」

밀리아 「그래, 그리고 상업 지구라든가.」

마리 다들 스트레스를 피하고 있어!

밀리아 당연히 피하고 싶지.

조킹
장면의 상황을 게임 마스터에게 물어보거나, PC로서 NPC에게 질문을 하여 어떤 정보를 이끌어내는 행동 전반. 『인세인』의 용어다. GM은 이런 질문에 즉흥적으로 대답한다. 때로는 엉뚱한 방향으로 유도하거나 기각하는 것도 규칙이 허가하고 있다.

타마라	최근 카페에 이상한 손님이 오지는 않았는지 여기저기 물어보는 것도 방법이겠지?
마리	뭐, 그렇겠지.
밀리아	하긴 계속 저기에 있던 건물이잖아?
타마라	땅 밑에 뭐가 있을 리도 없으니 어떤 계기가 있을 텐데.
마리	뭔가가 말이지.
타마라	응.
밀리아	참고로 시나리오 리미트는 몇이야?
GM	3사이클을 상정하고 있습니다. 사정에 따라서는 늘어날 수도 있고요.
마리	여기 있는 정보만 조사해도 2사이클은 필요하겠지?
밀리아	응. 류 이사관이 뭘 알고 있는지도 조사하고 싶고.
밀리아	리더, 어디부터 조사할까? 우선 주위부터?
타마라	그러자.
밀리아	그럼 내가 다녀올게.

1. 만나면 안 되는 사람과 만났다

GM	알겠습니다. 이제부터 밀리아 요원이 상가를 조사하는 장면입니다.

밀리아	조사해볼게.
GM	등장인물은 어떻게 할까요? 혼자인가요?
밀리아	마리, 같이 가줄래?
마리	응.
GM	둘이서 어슬렁거리면서 주변을 오가는 행인에게 이야기를 듣는 거군요.
밀리아	「다녀올게!」
GM	다들 추워서 언짢은 표정으로 코트 주머니에 손을 집어넣고 몸을 앞으로 숙인 채 걷고 있어요.
밀리아	「저기에서 식중독으로 사람이 쓰러졌다는데, 혹시 아세요?」
GM(행인)	「응. 무섭지, 식중독.」
밀리아	「저 가게에 가 보신 적 있어요?」
GM	그 행인은 가본 적이 있다고 합니다. 이름이 아마 카페 **다이너즈 런치.**
밀리아	다이너야, 카페야? (*)
마리	「어느 쪽이에요?」
GM(행인)	「안에 카운터가 있었던 것 같은데.」
밀리아	「흐음. 전부터 있던 카페지요?」
GM(행인)	「그렇지.」
밀리아	항상 손님이 많은 가게였나요?

다이너즈 런치
아무렇게나 이름을 지어 보는 것도 TRPG의 묘미 중 하나다. 태클이 걸리는 쪽이 이긴다.
(**역주:** 다이너는 24시간 영업하는 미국의 대중식당)

GM(행인)	「그다지.」
밀리아	그렇구나……. 「마지막으로 가신 건 언제에요?」
GM(행인)	「아니, 저긴 별로 맛이 없어서.」
일동	(웃음)
마리	맛이 없단 말이지. **글렀네.**
GM	가게가 생겼을 때 딱 한 번 가본 모양입니다.
일동	(웃음)
밀리아	어쩔 수 없지. 「친구 분 중에 저 가게에 자주 가는 사람 없나요?」
GM	별로 맛이 없어서…….
마리	그렇겠지!
밀리아	「고마워요, 아저씨.」
GM	「무슨 리포트라도 쓰나?」라고 오히려 물어봅니다.
밀리아	「겨울철 식중독에 관한 졸업 논문이요.」
GM	「흐음. 수고하렴.」 그렇게 아저씨는 떠납니다.
마리	「잘도 그런 거짓말이 술술 나오는구나.」
밀리아	「그야 훈련을 받았으니까.」

글렀네
모험기획국에는 오랜 역사를 자랑하는 「식도락부」라는 클럽이 있으며, 맛없는 가게에 대해서는 설령 픽션이라도 가차없는 비평을 가한다.

GM	주변 상황을 조사한다는 명목으로 조사판정을 할 수 있습니다. 원하는 특기로 판정하세요.
밀리아	무슨 정보가 있을지 모르니까……. **꼬리만 드러난다면 뭐든** 놓치지 않겠어. 《추적》으로.
GM	우왕좌왕하고 있을 때 밀리아가 뭔가를 발견…… 했을까요?
밀리아	(주사위 굴림) 딱 5.
GM	그럼 핸드아웃「상업 지구」의 뒷면을 보셔도 됩니다. 이【비밀】은 사이클을 종료할 때 리포트로 제출됩니다.
밀리아	응. 다른 사람에게 보여줘도 돼?
GM	직접 판단하세요.

꼬리만 드러난다면 뭐든
복슬복슬한 꼬리도, 푹신푹신한 꼬리도, 줄무늬 꼬리도, 바싹 마른 꼬리도, 억척스러운 꼬리도.

핸드아웃「상업 지구」의 뒷면을 본 밀리아는 한숨을 쉬었다.

마리	고민하는데?
밀리아	잠깐 기다려 봐.
GM	뭐든 리액션을 해주세요.
밀리아	우와, 이거 어쩌지?
마리	뭔데?
밀리아	「쇼크」면 무슨 일이 일어나더라?
GM	【이성치】가 1점 줄어요.

밀리아	에잇!
마리	**말없이** 【이성치】를 1점 줄였어.
타마라	그렇게 충격적인 정보야?
밀리아	으음……. 만나면 안 되는 사람과 만났다고나 할까.
타마라	어? 이사관?
밀리아	아니야.
마리	**도플갱어?**
밀리아	아니야.
GM	상태가 이상하네요.
마리	「왜 그래?」
밀리아	아니, 말하기가 좀…. 상업 지구를 걷다가 잡화점을 흘끔 보고 "**아니, 저건……!**" 하는 표정을 지어.
마리	「뭔가 봤어? 조사하러 갈까?」
밀리아	「아니, 됐어.」
마리	가슴에 묻어두기로 했나본데.
타마라	으음.
밀리아	어차피 사이클이 끝날 때 보고하면 다들 알게 되는 거야?
GM	맞아요.
타마라	그렇다면 그때 우리도 【이성치】가 깎이겠네.

말없이
아니, 제법 투덜거린 것 같은데…….

도플갱어
자신과 똑같이 생긴 사람. 보면 죽는다고 한다. 대체로 최악의 경우가 아니라도 죽게 되는 듯하다.

아니, 저건……!
귀여운 것을 발견한 게 아니라, 정말로 봐서는 안 되는 것을 보고 만 듯하다. 당장 죽지 않은 걸 보니 도플갱어는 아닌 것 같다.

GM	리포트를 경유하면 쇼크를 받지 않아요.
마리	아, 그렇구나.
타마라	흐음. 그런 일이 있었구나~ 이런 느낌인가.
밀리아	편리하네.
GM	리포트를 제출했을 때 위험한 건 2차 감염을 일으키는 정보재해입니다.
타마라	그걸 제출하면 우리 전멸해?
GM	전멸하겠지요. 막고 싶다면 【지연】의 효과 중에 **자해**하는 걸 추천합니다.
마리	우와.
밀리아	일단 지금은 말 안 할래.
GM	알겠습니다.
마리	뭔가 수상한데.
밀리아	「나중에 이야기할게. 확실하게 확인한 후에.」
타마라	뭔가 수상한데.
밀리아	잡화점이란 말이지. 다른 가게에는 뭐 없어?
GM	네.
밀리아	그리고…… 혹시 평소에 새들이 그 건물 주위만 피해다니거나 하지는 않는대? 혹은 개가 이상한 행동을 보이면서 짖어댄다거나?

자해
태연히 죽으라고 권하는 타입의 마스터.

GM　그런 **편리한 개**가 있을 것 같아요?

일동　(웃음)

GM　**새라면 당연히 있습니다.** 그쯤에서 피자 가게에 돌아왔습니다.

밀리아　「다녀왔어!」

타마라　「인터컴으로 듣고 있긴 했는데, 뭔가 이상한 거라도 있었어?」

마리　「있었어.」

타마라　「뭐였는데?」

밀리아　「아니, 그게……. 무슨 일이 있었는지 전혀 알 수가 없어서. 왜 그렇게 된 거지? 일단 잠시 혼자서 검토하게 해줘.」

타마라　「호호오.」

밀리아　「그게 다야.」

타마라　찝찝한데.

마리　아하하.

밀리아　리포트 제출하면 다 알 텐데 뭘.

타마라　하긴 그렇지. 그럼 리포트가 완성되기를 기다릴게.

GM　다음 행동은 어떻게 하시겠어요?

마리　난 마지막이 좋아.

밀리아　난 이미 했어.

타마라　그럼 **멋진 스웨터**를 입은 리더가 멋진

편리한 개
편리한 개는 플레이어나 게임 마스터가 필요할 때 등장해서 등장시킨 사람에게 유리한 행동을 하는 우수한 개다. 주위의 이상을 어필하거나, 평소에는 사람을 따르지 않는 주제에 뜬금없이 히로인을 따르는 모습을 보이는 등 다양한 형태로 활용할 수 있다.

새는 당연히 있습니다
그럼 개가 있어도 되잖아!?

멋진 스웨터
자칭.

활약을 보여줘야겠지.

GM 네.

타마라 생존자가 있는 격리실을 조사할게.

마리 너도 **스트레스 회피**냐!

스트레스 회피
이렇게 쓰니 슈팅 게임의 기법처럼 보인다.

2. 지리멸렬하지?

타마라 조르쥬 파운더스 씨를 격리한 방에 가서 지금 어떤 상태인지 관찰할래. 어쩌면 그 사람한테 뭔가 이야기를 들을 수 있을지도 모르고.

GM 네.

타마라 **눈꺼풀을 도려냈을까**?

눈꺼풀을 도려냈을까
상당한 이상 행동. 상상해 보면 엄청나게 아플 것 같다.

밀리아 동생이 그렇게 죽었댔지.

타마라 마찬가지로 눈에 대미지를 주는 행동을 하고 싶어한다면, 봐서는 안 되는 것이 있을 가능성도 있어.

밀리아 과연 타마! 똑똑해!

타마라 격리실이 있는 기지까지 이동해서, 그 사람이 격리된 사이에 이상한 행동을 하거나 특수한 발언을 하진 않았는지 리포트를 요구할래.

GM 리포트는 없지만, 만날 수 있습니다. 근처에 있는 건물의 지하 주차장에 **아무런 표시도 없는 이상한 문**이 있는데, 그 안에 격리 시설이 있습니다.

아무런 표시도 없는 이상한 문
표시가 없는 것은 드문 일이 아니므로 뭔가 다른 부분이 이상할 것이다. 각도라든가.

타마라	「그럼 조사하고 올게.」
마리	「조심해.」
GM	가솔린과 고무 냄새로 가득한 주차장의 한쪽 구석까지 왔습니다. 주위에는 아무도 없고, 대충 설치한 것으로 보이는 강철문이 있습니다. 노크해주세요.
타마라	쾅쾅 두드려.
GM	소리가 꽤 크게 울립니다.
밀리아	무셔~
GM	몇 초 후, 문 뒤쪽에서 볼트가 풀리는 소리가 들립니다.
타마라	어? **수하** 같은 건 없어?
마리	어라?
GM	어딘가에서 보고 있었겠지요.
타마라	으에에…….
GM	들어가자마자 곧바로 3층 정도 길이의 계단을 내려갔더니 자물쇠를 채우지 않은 문이 있어요.
타마라	아무도 없어?
GM	문 너머는 통로고, 거기에 **파이프 의자**에 앉은 보안 담당관이 딱 한 명 있습니다. 타마라를 힐끗 흘겨보더니, 눈짓으로 안쪽의 문 중 하나를 가리킵니다.

수하誰何
암호를 확인하는 것. 부하의 유의어로 쓰이는 수하를 말하는 게 아니다.

파이프 의자
앉아 있을 때 삐걱거리는 소리가 나지 않게 하려면 상당한 기술이 필요하다.

밀리아	이 사람은 재단 직원이야? 아는 사이라고 보면 돼?
GM	모르는 사람입니다.
타마라	「아, 안녕하세요.」
GM	무시합니다.
타마라	으으. 안쪽 문으로 가자.
마리	무뚝뚝한 사람이네.
밀리아	정보재해를 경계하는 걸지도 모르지.
GM	격리실 문은 강철입니다. 창을 열고 들여다보면 침대에 묶여 신음하는 중년 남성이 보입니다.
타마라	**중얼거리는 소리**는 들려? 무슨 말을 하고 있을까?
GM	【비밀】입니다.
타마라	문을 열 수밖에 없나…….
GM	열어요?
타마라	열자.
GM	그럼 자물쇠를 열고, 문 손잡이를 잡고 그대로 밀면 문이 열립니다. 조사판정하세요.
타마라	지식의 《인류학》으로……. (주사위 굴림) 6이야.
GM	성공했네요. 【비밀】 받으세요.

중얼거리는 소리
묶여있다고요! 지금! 다짜고짜!

타마라는 격리실의 【비밀】을 보고 의아한 얼굴이 되어 기지 복도에 돌아왔다.

타마라 「무슨 **약이라도** 했나?」

마리 「어?」

타마라 정보재해인 것 같긴 한데, 2차 감염이 없는 타입일까? 으음, 인식재해?

밀리아 그렇구나.

타마라 별 문제는 없을 것 같으니 이야기한 내용을 모두에게 알릴게.

GM 네. 그럼 이 【비밀】은 공개하겠습니다.

핸드아웃: 「격리실」
【비밀】: 그는 양다리가 분쇄된 상태로 구속에서 벗어나려 하고 있다. 옥상에서 뛰어내리면 **피가 맑아져서** 아무리 담배를 피워도 걱정 없다고 한다.

마리 「어? 이게 무슨 소리야?」

밀리아 쇼크는 없네.

타마라 「의미를 모르겠지?」

밀리아 「더더욱 영문을 알 수 없게 됐어…….」

타마라 이 망언을 열심히 해석해 보면…… 건물 옥상에 열쇠가 있다는 의미 아닐까?

마리 「제대로 된 회화는 불가능했어?」

타마라 어땠어?

약이라도
어, 그거, 좀, 위험한 거. 도, 도, 도넛이라든가.

피가 맑아져서
양파 등을 많이 먹으면 발생하는 현상. 반댓말은 피가 탁해지다.

GM	가능했어요. 빨리 이 밧줄을 풀어달라, 너는 누구냐……. 그런 말을 했습니다.
타마라	그러면서 중간중간에 열성적으로 저런 주장을 했다는 거지?
GM	그렇습니다. 「난 더 뛰어야 해! 피를 더 맑게 해야 한다고!」
밀리아	예?
GM(조르쥬)	**「30년간 담배를 피웠단 말이야!」**
타마라	그 사람, 건강 상태는 확인했대?
GM	안 했지만, 애초에 피가 맑다는 것 자체가…….
타마라	하긴.
밀리아	대체 뭘까……?
타마라	「봐. 지리멸렬하지?」
마리	생존자 두 명 더 있지 않았어?
GM	나머지 둘은 혼수상태에요.
타마라	이 사람밖에 없나…….
GM	다른 사람들은 다 죽었어요. 나머지 피해자, 그러니깐 이미 죽은 사람들은 옥상에서 뛰어내리진 않았지만요.
타마라	음? 이사관한테 물어보면 알려줘?
GM	물론입니다.
타마라	「아무래도 조르쥬 씨는 옥상에서 뛰어내린 것 같은네요.」

30년간 담배를 피웠단 말이야
그 정도라면 혈관 안에서 고부(姑婦)간의 골육상쟁이 벌어지고 있는 것이나 다름없다. 갑자기 혈관 안에 뼈와 살이 생긴다면 혈관이 막히는 정도의 문제가 아니다! 전신이 산산조각나버려!

나이프로 눈을 푹 찔러서
이 경우는 나이프와 아이라이너를 착각했을 가능성이 있지 않을까?

GM(이사관) 「먼저 확인한 패턴과 또 다르군…….」

타마라 「눈꺼풀을 도려냈다고 했던가요?」

마리 「자해로 죽은 피해자가 많은데.」

GM 가장 많은 사례는 세 건. **나이프로 눈을 푹 찔러서** 죽었습니다.

밀리아 「흠. 자택에서 죽은 사람인가요?」

GM 네.

마리 「나머지 한 명은? 집에 가다 죽은 사람도 있지요?」

GM(이사관) 「귀가 중에 죽은 희생자는 동네 양아치에게 덤볐다가 반격을 당해 살해당했다.」

밀리아 일단 메모해서 리포트 시트에 붙여두자.

타마라 사례가 제각각인데? 조르쥬 씨는 그냥 놔두면 옥상에서 뛰어내려 추락사할 텐데……. 이건 이것대로 새로운 패턴이야.

마리 그보다 다리가 박살 났잖아? 어디에서 그런 거야?

타마라 그러게.

마리 「조르쥬 씨는 어디에서 발견됐지요?」

GM 앗!

타마라 앗?

GM **생각 안 해뒀어요.** 으음, 상식적으로 생각하면 자기 건물 앞이겠지요.

밀리아 그렇다면 투신자살 패턴도 미리 알고 있었어야 하는 거 아니야?

GM 그러게요. 죄송합니다.

타마라 아무튼 이미 뛰어내린 건 확실한데…….

마리 그런데도 아직 피가 탁한 것처럼 느껴진단 말이지?

밀리아 이 사람, 옥상 열쇠 가지고 있었어?

GM 오너니까요.

밀리아 그럼 그 열쇠는 어디에 있는데?

GM 회수했어요. 죽은 스태프가 카페 백야드에 뒀습니다.

밀리아 아, 그쪽이구나…….

마리 이 사람, 맨 처음에 뛰어내린 건가?

밀리아 커버 스토리가 좀 억지스러운데……. 보통 식중독 때문에 투신을 해?

GM 복통으로 **착란**을 일으켰거든요.

밀리아 으음.

마리 ……. 아마 그 건물에 보면 안 되는 게 있는가 봐.

타마라 으음. 양아치에게 싸움을 건 희생자 말인데, 상대편 양아치의 증언은 없어? 경찰이 체포했을 거 아니야?

생각 안 해뒀어요
솔직하게 털어놓았다. 게임 마스터가 비교적 중요한 일을 명확하게 정해두지 못했을 때도 있는 법이다. 그럴 때는 보통 플레이어가 세세한 부분을 물어봤을 때 「앗!」하고 깨닫곤 한다. 대개 그렇다.

착란
모험기획국 국원에게 이야기를 듣기로는 복통으로 착란을 일으켜 화장실 변기를 박살 낸 사람이 있는 모양이다. 이렇게 복통이란 인간을 이상하게 만드는 법이다. 평소에 집주인과 사이가 좋았던 덕분에 변기 수리비는 물지 않았다고 한다.

쐈다
총이 허가되는 사회 특유의 소탈함!

그쪽으로는 못 가 타입 힌트
이야기의 줄거리와 관계없는 막다른 루트에 돌입하면 투명한 충돌 판정이 발생해서 앞으로 나아갈 수 없다. 각도를 미세하게 조정하면서 투명한 벽에 끈질기게 부딪기를 계속하다 보면 벽을 통과해서 세계의 뒤쪽에 갈 수 있을지도 모르지만, 아마도 캐릭터가 죽을 테니 추천하지는 않겠다.

너희보다 더 경험이 적은 팀
플레이어를 치켜세워 분위기를 망치지 않고 막다른 루트를 피하게 하는 고단수의 변명이다. 흉내 내보자. 투명한 벽이 어쩌고 했던 건 잊어주기 바란다.

GM	아, 있어요. 이사관이 가르쳐줍니다.
타마라	오, 나 한 건 했나?
GM	「갑자기 덤버들길래 **쐈다**」라네요.
밀리아	총인가…….
타마라	덤비자마자 당했겠네.
밀리아	죽은 사람의 가족한테 뭐든 물어볼 수는 없을까?
GM	가능하긴 한데, 아마 유용한 정보는 못 얻을 겁니다.
마리	**그쪽으로는 못 가 타입 힌트**다!
GM	이사관의 말로는 그쪽은 다른 요원이 접촉했다는 것 같아요.
밀리아	아하.
타마라	공통점이 있다면 그게 원인이겠지만…….
GM(이사관)	「그건 **너희보다 더 경험이 적은 팀**이 할 일이다.」
밀리아	그렇다고 한다면야.
타마라	「알겠습니다…….」
GM	자, 타마라가 격리 시설을 떠날 무렵. 마리가 행동할 차례입니다.
마리	그렇겠지.
밀리아	어쩔 거야?

3. 날붙이나 냄비 따위를 걸어둔 타입?

마리	조사 말고 뭘 하겠어? 남은 핸드아웃은……. 「류 이사관」 말고는 전부 건물의 각층 관련에, 스트레스가 붙어 있는데.
타마라	건물은 **나중으로** 미룰까?
마리	제1사이클이 끝날 때 이상한 이벤트가 일어나진 않았으면 좋겠는데 말이야.
밀리아	일어날까?
GM	(웃음)
마리	그런 모양이네.
GM	늦든 빠르든 건물은 조사해야 하잖아요? 임무니까.
마리	……. 좋아. 가볼까.
타마라	난 격리 기지에서 돌아오는 중이지?
밀리아	내가 같이 갈까?
마리	아니, 그냥 혼자 갈게. **산 제물 비슷한 신세**라고 한탄하면서 말이지.
GM	알겠습니다. 마리가 건물에 돌입하고, 그 모습을 밀리아가 밖에서 봅니다.
밀리아	밖에서 동영상으로 찍어 둘래.
GM	네.
마리	「이딴 일……. 이딴 일…….」
밀리아	「조심해서 다녀와!」

나중으로
연이은 스트레스 회피. 이런 부분도 마치 슈팅게임 같다. 너무 피해 다니기만 하면 뒤에서 적이 우르르 쏟아져 나오는 그런 종류의 슈팅게임 말이다.

산 제물 비슷한 신세
선봉을 다르게 표현한 말. 깎아내리려는 의도는 없다. 정말이라니까!?

마리 우에에엥.

GM 출입을 통제한 경찰 중에는 피해자가 없었으니 조사가 곧 즉사로 이어진다고는 생각하기 힘들어요.

타마라 목적지 후보는 카페와 회계 사무소, 빈 층, 그리고 옥상이었지?

밀리아 어디가 나을까?

마리 1층 카페도 폭파되거나 벽이 무너진 건 아니지?

GM 네. 셔터를 닫고 현장 보존용 테이프를 쳤을 뿐입니다.

타마라 집단 식중독 공지도 있고?

GM 있어요.

마리 현시점에서 2층은 치사율 100%……. 1층의 카페로 가자.

찻길을 가로질러
섀도 워크라고 쓰면 약간 멋있다.

GM 네. 마리는 **찻길을 가로질러** 걸어갑니다.

밀리아 전기는 들어와?

GM 들어와요. 다만 조명은 꺼져 있으니 안은 어둡겠지요.

밀리아 괜찮을까?

마리 회중전등은 가지고 있다고 해도 되지?

GM 예. 타마라는 스웨터를 입으면 괜찮다고 주장하고 있습니다만.

타마라	「**디자인 구린 스웨터**를 입으면 용기가 솟아나.」
마리	「하?」
밀리아	됐고요. 조사하려면 역시 제대로 된 도구가 필요해. 장갑 같은 거. 그런 거 가지고 있다고 해도 돼?
GM	네.
타마라	「**크리스마스의 힘**이 있으면 도구 따위…….」
마리	얘 뭐래니?
타마라	방진 마스크라면 있어. **순록 입 모양.**
마리	필요 없어!
타마라	지금은 크리스마스 관련 상품이 싸.
밀리아	너, 정보 수집할 때도 그런 소리 했지. 「크리스마스 세일에 실패해서 망한 가게도 잔뜩 있다지?」
타마라	「그런 곳에서 유출된 재고가 대단히 싸다니까! 경비로도 오케이!」
밀리아	「그거, 이번 조사하고는 별 관계 없잖아.」
타마라	「그야 그렇지. 하지만 잘 차려입으면 의욕이 생길 때도 있잖아.」
밀리아	「입은 사람이 거의 안 보이던데?」

디자인 구린 스웨터
결국 자기 입으로 구리다고 말해버렸다. 하지만 「노리고」 한 말이다. 「노리고」 한 말이므로 문제없다.

크리스마스의 힘
「Super」……
「Christmas」……
「Power」…….
혹시 너도…… SCP……!

순록 입 모양
썰매를 끄는 네 마리 순록이라는 콘셉트인지 네 장이 한 세트. 게다가 한 장만 코가 빨갛게 칠해져 있는 등 묘하게 세심한 부분까지 신경 썼다.

시대의 선두주자
「선두」인 만큼 그 영역은 매우 좁다. 그것을 이해할 수 있는 것은 진정으로 럭셔리한 멋을 아는 이들뿐이다.

빨간 카운터
다이너에 가면 흔히 볼 수 있는, 에나멜을 번질번질하게 칠한 카운터. 빨간색은 식욕을 돋운다. 식당의 외장이나 내장에 빨간색이 쓰였다면, 그 가게는 당신의 인식을 조작해서 식욕을 돋울 작정인 것이다.

타마라	「으음. 유감이야. 좀 더 전파해야 할 텐데.」
마리	내가 곧 위기에 처할지도 모르는데, 이 녀석들은…….
타마라	「모처럼 싼데 말이야. 게다가 이렇게 귀엽고.」
밀리아	「가끔 생각하는 거지만 타마의 복장 센스만큼은 뭐랄까……. 으음.」
타마라	「**시대의 선두주자**라고 불러줘!」
마리	「예술가에겐 흔히 안쓰러운 면이 있는 법이라잖아.」
밀리아	「하긴 그렇지.」
타마라	「에에…….」
GM	마리 요원은 천천히 건물에 다가갑니다. 건물의 창 너머는 어딜 봐도 어둡고, 카페에는 셔터. 1층 입구의 문에는 현장 보존 테이프가 붙어 있는데, 그걸 찢고 들어갈 수 있습니다.
마리	으음.
GM	문 열쇠는 경찰이 제공해줬습니다. 문은 유리인데……. 안에는 둥근 스툴(등받이와 팔걸이가 없는 1인용 의자)과 세트를 이루는 **빨간 카운터**가 있고, 좌석 부스가 넷 정도 있습니다. 카운터 뒤에 부엌이 있는 것 같습니다.

밀리아	식중독으로 위장했으니 음식 노리고 올 사람도 없겠지.
타마라	그러게.
마리	우선 얇은 고무장갑은 껴두자. 지문도 그렇고 이것저것 신경 써야 하니까.
타마라	지금이야말로 크리스마스의 힘을 쓸 때이니라~
마리	뭔가 잡을 때 불편할 것 같단 말이야. 그거 털실이잖아.
GM	문을 열면 바깥보다 공기가 조금 더 찹니다.
마리	「왜 안이 밖보다 더 추운 거야? 이해가 안 가.」
타마라	「햇볕이 안 들어서? **그렇게 추울 때는 이 어글리 스웨터를!**」
밀리아	(웃음)
GM(이사관)	「뭐가 이렇게 시끄럽지? 상황은?」
마리	「헉.」
타마라	「아, 그게, 지금 1층 카페를 마리가 수색 중이에요.」
밀리아	「어때?」
마리	「어둡고 무서워.」
타마라	그야 그렇겠지.
마리	어, 할 일이 뭐였더라?

그렇게 추울 때는 어글리 스웨터를!
벌써 몇 벌째인지 모를 어글리 스웨터를 꺼냈다. 슬슬 우는 아이가 뚝 그치다 못해 영원히 잠들 것 같다.

밀리아	카페 백야드에서 옥상 열쇠를 챙기고, 뭔가 더 있으면 그것도 찾으면 되는 건가?
GM	네.
마리	알았어. **회중전등** 켜고 들어갈게.
GM	좌석이 모인 곳을 대충 비추면서 조사해봤지만 아무 것도 없고, 아무도 없습니다. 좌석 아래라도 비출 때면 자기도 모르게 긴장하게 되네요.
마리	<u>으으으으</u>.
GM	스트레스를 받으세요. 【광기】입니다.

마리는 세션 첫 【광기】를 뽑았다.

마리	……. 하필 뽑아도 이런 걸…….
GM	이어서 부엌.
마리	**날붙이나 냄비 따위**를 걸어둔 타입?
타마라	싫다아…….
GM	네. 서랍을 모조리 열어 봤지만, 이상 없습니다.
밀리아	「괜찮아?」
마리	「괜찮아. 카운터와 객석, 부엌에는 이상 없음. 이제부터 백야드에 들어갈게.」
GM	문제의 백야드군요.

회중전등
새빨간 전등에 대량의 호랑가시나무 잎사귀가 장식되어 있다.

날붙이나 냄비 따위
무기와 방어구.

마리 입구에서 멈추고 안을 대강 비춰볼 건데…….

GM 사무용 책상과 로커가 있습니다. 뒷문은 없어요.

타마라 이걸 어떻게 조사해야 할까?

마리 부엌이랑 똑같이 하면 되겠지? 서랍과 로커를 하나씩 열어볼게.

GM 알겠습니다. 조사판정입니다.

마리 《제육감》으로.

GM 문제없겠네요.

마리 (주사위 굴림) 성공했어.

GM 카페 핸드아웃의 뒷면을 보세요.

마리는 카페의 【비밀】을 보고 말없이 일어섰다. GM도 일어섰다. 둘이서 옆방으로 이동한다.

밀리아 아아아. 역시?

타마라 **스웨터를 안 입으니** 그렇게 되지!

밀리아 스웨터는 관계없어.

잠시 후, 왠지 표정이 밝아진 마리와 GM이 돌아왔다.

GM 자, 두 분.

타마라 응.

GM 마리의 상태가 이상합니다. 쇼크도 받은 것 같아요.

스웨터를 안 입으니
그래서 나는 여전히 빈약한 도련님인 거야! 그래서 여전히 여자애들한테 인기가 없는 거야! 부자도 되지 못하는 거야!

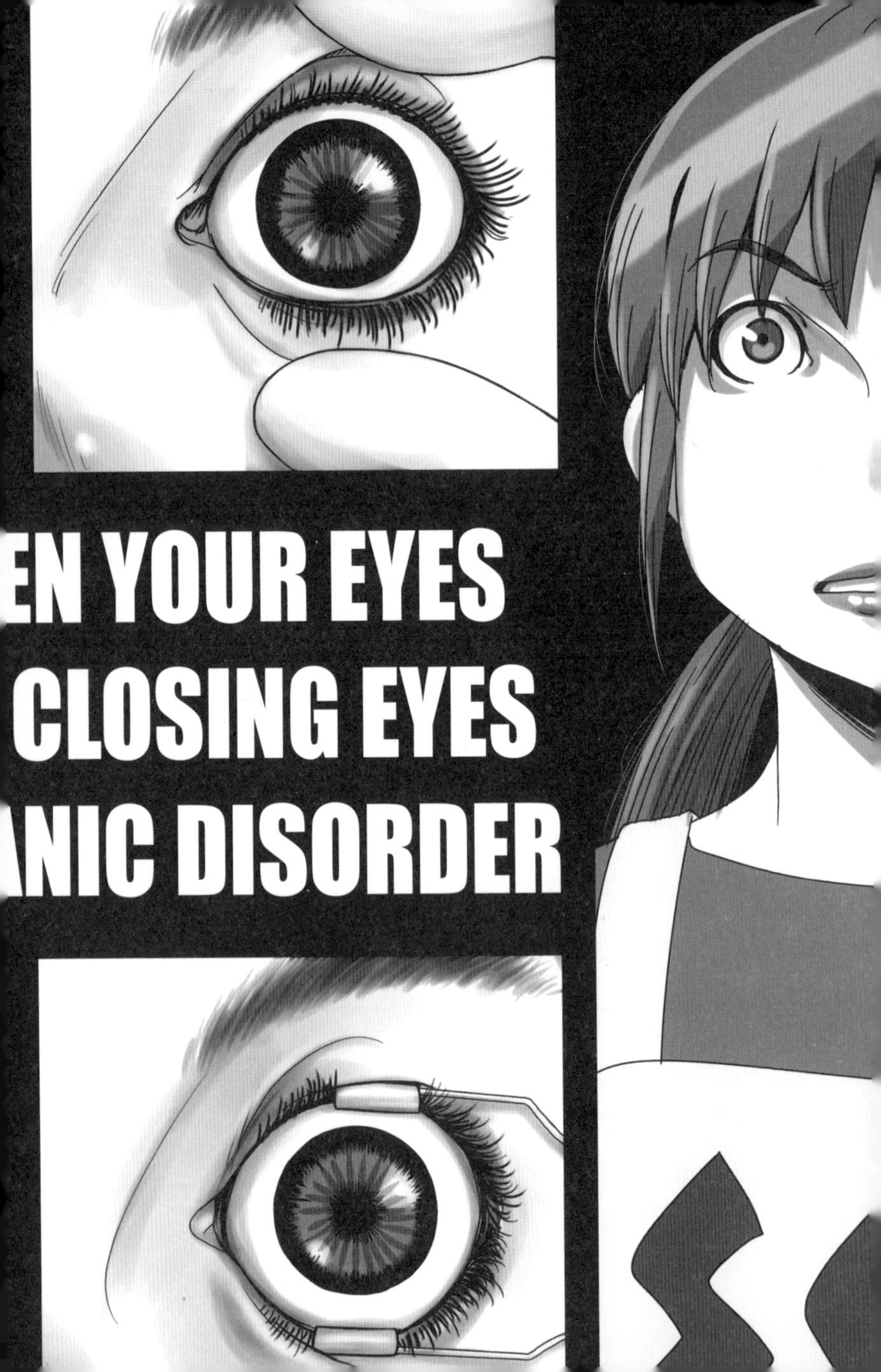

EN YOUR EYES

CLOSING EYES

NIC DISORDER

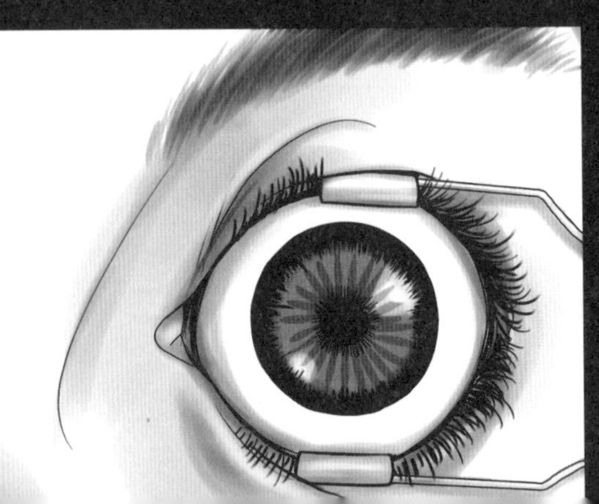

밀리아	그래?
마리	(**불분명한 목소리**)
타마라	「무슨 일이야?」
마리	「아아아아아아! 그렇구나! 과연! **전부 알아냈어!**」
밀리아	「뭐를?」
타마라	이거 들으면 우리도 위험해지는 거 아니야?
밀리아	과연.「……. 지금 바로 알려줄 필요는 없는데?」
마리	「왜? 들어 봐!」
타마라	잠깐. 마리의 통신을 차단할 수 없을까?
GM	가능하긴 한데, 할래요?
밀리아	어, 음.
타마라	잠깐……. 이거 2차 감염은 일어나지 않는 정보재해였을 거야.
밀리아	그랬나?
타마라	조르쥬 씨 때처럼 마리한테서도 단서를 얻을 수 있을 것 같아. 통신은 유지.
GM	알았습니다. 이사관은 로그아웃했어요.
마리	우우, 또 그 녀석만!
밀리아	안전을 위해서야!
타마라	「얘, 무슨 일이야?」

(불분명한 목소리)
펭귄이 우는 소리와 약간 비슷했다.

전부 알아냈어!
정말로?

마리 「알아냈어! 굉장히 중요한 것을 발견했어.」

밀리아 「어머나! 정말?」

타마라 「단서다!」

마리 「들어 봐. **눈을 감으면 안 돼!**」

눈을 감으면 안 돼!
그렇게 말하는 마리의 눈은 초점이 맞지 않았고, 이미 약간 충혈되어 있었다. 아마 잠이 부족해서 그런 것은 아닐 것이다. 아마도…….

타마라 「뭐?」

마리 「그러니까 눈을 감으면 안 된다고!」

타마라 「감으면 무슨 일이…….」

밀리아 「……일어나는데?」

마리 「공황발작을 일으켜. 우와, 생각도 못 했어.」

타마라 …….

밀리아 …….

잠시 침묵.

밀리아 눈이라. 저기, 이거 미묘하게 마음에 걸리는데. 눈…….

타마라 이거 위험하지 않아?

밀리아 그러니까 눈을 감지 못하게 된 사람이 **자기 눈을 찌른 거지?**

자기 눈을 찌른 거지?
자기를 잡아먹으려는 악어의 입안에 막대를 끼워 넣는 감각으로.

타마라 그런 거겠지. 이거에 감염되면 언젠가는…….

마리 일단 돌아가서 너희한테도 자세히 알려줄게. 그거, 가지고 가도 되지?

GM	네.
타마라	잠깐만. 「거기 뭔가 적혀 있어?」
마리	「물론이지. **너희한테도 보여줄게.**」
타마라	「잠까아아안!」
마리	「가지고 갈게!」
밀리아	「**그보다!** 그보다 말이지! 먼저 할 일이 있을 것 같은데!」
마리	「뭔데?」
밀리아	「백야드에 있다는 열쇠는 찾았어?」
마리	「찾았어! 서랍에 있더라.」
타마라	「그럼 그거 확보! 문서는…… 그래, 일단 중요한 것이라면야. 그렇게 보여주려고 하지 말고 어디 봉지에라도 넣어줄래?」
마리	봉지가 있을까?
밀리아	투명하지 않은 걸로!
GM	……. 으음. 있겠네요. 불투명한 보존 주머니.
마리	그럼 넣어서 가지고 갈까. 「알았어!」
타마라	휴우.
마리	어? 그런데 어쩌지? 눈을 감으면 안 되잖아? 그럼 손가락으로 눈을 벌리고 있어야 하는데, **그러려면 두 손을 못 써**.

너희한테도 보여줄게
선의로 가득한 목소리.

그보다!
필사적으로 화제를 돌리는 커뮤니케이션 능력.

그러려면 두 손을 못 써
의외로 팔까지 아플 것 같은 동작이다. 손 대신 나이프로 고정할 수 있다면 그러고 싶어질만도 하네!

밀리아	「서두르면 돼.」
GM	네.
마리	「그럼 서두를게.」
타마라	「어두운 곳이라 무섭지? 빨리 돌아와.」
마리	허둥지둥.
타마라	이거 위험한데.
밀리아	백퍼 위험하지.
GM	그럼 마리가 피자 가게로 돌아오면서 제1사이클이 끝납니다. 리포트로 제출할 【비밀】을 어떻게 처리할지 결정하는 장면을 열어볼까요?
타마라	이런, 벌써 보고 시간이야?
밀리아	이런 타이밍에.

4. 아예 깜빡이지 않는 건 무리예요

GM	특별한 문제가 없다면 조사한 【비밀】을 전부 리포트로 제출해서 류에게 맡깁니다.
마리	내가 지금 조사한 이 【비밀】도 제출할 수 있어?
GM	네.
타마라	잠깐!
밀리아	정보재해가 리포트로 제출되면 어떻게 되지?

GM	그게 2차 감염을 일으키는 정보재해였다면 격리 기지에서 감염이 일어납니다. 【광기】 덱이 **1D6장** 감소하지요. 그리고 당연히 두 사람도 감염됩니다.
밀리아	2차 감염 일어날까?
GM	글쎄요? 그건 【비밀】이잖아요.
마리	공개하지 않는 한 가르쳐줄 수가 없어.
밀리아	……. 일단 리포트로 제출하지는 말까?
타마라	「마리가 정보재해의 영향을 받고 있어. 위험해!」
GM	SCP 용어로는 그걸 노출이라고 합니다.
마리	그거 자각할 수 있어? 이것에 노출된 상태에서?

1D6장 감소
전멸의 결정적인 계기가 되어도 이상하지 않은 숫자.

마리는 어느샌가 가지고 있던 카드를 집어 올렸다.
검은 바탕에 흰 글씨로 크게 「정보재해」라고 적혀 있다.

GM	상황에 따라 다르지만, 이번에는 자각할 수 없는 타입입니다.
마리	그럼 「무슨 소리야, 타마. 그럴 리 없잖아.」
GM	손가락으로 눈을 억지로 벌리면서 저러는군요.
밀리아	우와아.

이상한 사람
멤버 셋 중 둘 정도가 이미 이상해지고 말았으므로, 슬슬 이상한 녀석들로 싸잡아 취급하고 있다.

어려운 표현
한자를 많이 사용하는, 진지한 말투. 잘 활용하면 소위 말하는 '어른'들이 기뻐한다.

마리	피자 가게 주인도 난감하겠다. **이상한 사람**이 들락날락해서.
GM	계산도 안 했고요.
타마라	그러게 말이야.
GM	하지만 그는 누군가가 건 전화를 받더니 이쪽에 참견하지 않기로 한 것 같습니다.
밀리아	압력…….
타마라	어떻게…… 어떻게 안 될까?
마리	애초에 【지연】 가지고 있는 건 나라고. 이거 써도 돼?
GM	적절하게 이유를 댈 수 있다면요.
타마라	「……. 마리가 가지고 온 그거 말인데, 좀 더 알아보고 싶으니 보고하는 건 잠시 미루지 않을래?」
마리	그걸로 될까?
GM	네.
마리	「알았어.」 **어려운 표현**으로 얼버무리면서 아직 정보를 정리하는 중이라고 보낼게. 【지연】의 목표치는 7이니까……. (주사위 굴림) 성공.
GM	네.
밀리아	내가 조사한 【비밀】과 타마가 조사한 【비밀】은 리포트 시트에 붙여야 하지?

타마라 조르쥬 씨의 정보는 그렇다 치고, 상업 지구에서 찾은 건 어떤 내용이었어?

밀리아가 리포트 시트에 붙인 【비밀】은 이런 것이었다.

핸드아웃: 상업 지구
【비밀】: 잡화점 앞에서 요주의 단체 「세계 오컬트 연합」의 구성원을 발견했다. 자료를 통해 우연히 얼굴을 익힌 상대였다. 그의 【거처】를 입수. 사건이 보도되긴 했지만, 개입이 너무 빠르다.

밀리아 이런 거라서 말이야.

마리 이름이…….

타마라 뭐야, 이건?

GM 「세계 오컬트 연합」……. 통칭 GOC는 재단의 적입니다.

마리 즉, 인류의 적이야?

GM SCP 객체에 대해 재단과 사상을 달리하는 비밀조직이지요. 그들은 SCP를 **파괴**합니다.

파괴
디스트로이. S도 C도 P도 아니다.

밀리아 SCP를 만들지는 않아?

GM 그다지. 멋대로 감당할 수 없다고 판단해서 멋대로 부수기 때문에 재단의 입장에서는 NG입니다.

타마라 만들 능력은 있어?

GM 알 수 없어요. 아마 안 만들겠지요.

마리	그러니까 내 귀중한 객체를 훔치려는 적이란 말이지?
타마라	네 거 아니거든?
GM	그는 GOC의 집행관인 록. 전투 훈련을 받은 요원입니다. 싸우면 아마 지겠지요.
타마라	조사만 우리한테 떠넘기고, 성과를 가로챌 생각일까?
마리	용서 못 해.
타마라	【진척】 써서 재단의 **포터**라도 부를 수 없을까? 기술자 호출이라고 치고.

포터
짐꾼.

GM	기술자는 보통 특기를 제공하는 역할인데……. 뭘 시키게요?
타마라	객체만 먼저 회수 시설에 보낼 수 있나 해서.
GM	그 정도야 문제 없긴 합니다만.
밀리아	**규칙에 없는 방법**으로 부른 포터라면 규칙에 없는 방법으로 당하지 않을까?

규칙에 없는 방법
타마라가 제안한 것은 【진척】 규칙에 없는 사용 방법이므로, GM이 일단 인정했더라도 규칙에 없는 방법으로 무효가 될 위험이 있다. 밀리아는 그 점을 걱정하고 있다.

마리	그건… 그럴 것 같네.
타마라	하긴.
밀리아	우선 직접 보관하고……. 마리에게 맡기는 건 위험할 테니 내 배낭에 넣어 두자.

마리	으앙.
GM	알겠습니다. 【비밀】 2개를 리포트로 제출했으니 【진척】 2 상승. 합계 4입니다.
타마라	아직 【과장】을 사용할 타이밍은 아니로군.
마리	「말 나온 김에 하는 말인데!」
밀리아	「됐네요! 얘기 안 해도 돼!」
타마라	마리도 **눈을 아예 깜빡이지 않는 상태**지?
마리	눈꺼풀을 누르고 있어.
GM	아예 깜빡이지 않는 건 **무리예요**. 눈을 깜빡일 때마다 동요해서 안색이 나빠집니다.
마리	와아아아아아아아아.
GM	이런, 또 깜빡였네요.
마리	으아아아아아.
타마라	눈을 감으면 무슨 일이 일어나?
GM	글쎄요?
마리	공황발작을 일으킨다니까?
타마라	너 공황발작이 뭔지는 알아?
마리	몰라.
밀리아	마리가 동요하는 것 말고는 무슨 변화 없어?

눈을 아예 깜빡이지 않는 상태
사람은 1분에 15~20번 정도 눈을 깜빡인다고 한다.

무리예요
무리인 건 무리인 겁니다.

눈꺼풀을 도려내기 시작
눈을 깜빡였다가 공황 상태에 빠질 바에야 눈꺼풀을 도려내야지!

테이프로 눈꺼풀을 고정
졸음을 쫓을 때 흔히 하는 그것.

GM	없습니다.
타마라	이거……. 아직은 괜찮지만, 시간이 지나서 증상이 악화하면 **눈꺼풀을 도려내기 시작**하는 거 아니야?
밀리아	위험할 것 같으면 B등급 기억 소거제 사용하자.
타마라	그러게.
마리	후후.
GM	그럼 제2사이클을 시작하지요.
마리	오, GOC의 습격은 아직?
GM	네.
밀리아	그렇단 말이지…….

5. 왜냐하면 나도 곧……

GM	그럼 행동은 누구부터?
타마라	나부터 할까. 저렇게 되는 건 싫지만, 한 명 남아있으면 기억을 소거할 수 있으니까.
마리	'저렇게'라는 건 날 말하는 거야?
밀리아	아예 **테이프로 눈꺼풀을 고정**하지 그래?
마리	그거 괜찮을지도.
타마라	(한숨) 그걸로 네 마음이 놓인다면야.
마리	만세!

타마라 마리에게 정보재해를 집중시키는 것도 방법 아닐까……?

밀리아 헉!

마리 뭣? 애초에 정보재해에 노출된 적 없다니까!

타마라 아니, 답이 없다. 뭔가를 보면 노출되는 타입이지? 눈을 감아야…….

마리 눈 감으면 안 돼!

GM 흠.

타마라 효과 한 번 고약하네.

밀리아 동감이야.

타마라 내가 2층에 갈까?

밀리아 서두르는 게 좋겠어.

마리 내가 가도 되겠지만, **두 손을 못 쓰니까**…….

밀리아 마리의 상태를 촬영하고는 있는데, 이건 업로드하지 않는 게 나을 것 같아.

타마라 「잘 보고 있어. 손가락으로 자기 눈 찌르지 못하게.」

밀리아 「오케이!」

타마라 밀리아가 마리를 봐 주는 사이에 내가 다녀올게.

밀리아 「조심해!」

두 손을 못 쓰니까
안 그래도 계속 손을 들어 올리고 있느라 힘든데, 눈을 감을 때마다 심하게 불안해져서 팔이 덜덜 떨리기 시작했다.

타마라	아, 참. B등급 기억 소거제도 두 개 건네둘래.
GM	알겠습니다.
타마라	왜냐하면 나도 곧…….
일동	(웃음)
타마라	건물 2층은 어디로 올라가야 해?
GM	카페 옆에 계단 입구가 있어요. 2층부터 옥상까지 쭉 통하는 계단입니다.
타마라	좋아. 2층 회계 사무소까지 갈게.
GM	테이프를 벗기고 어두운 계단을 올라갑니다. 카펫은 다 닳아서 이상한 냄새가 납니다.
밀리아	이상한 냄새!?
타마라	어떻게 이상한데?
GM	그냥 암모니아 냄새에요.
밀리아	아아아아.
마리	난 또.
타마라	**이 냄새 싫어**……. 그런 생각을 하면서 계단을 올라갈게. 그런데 회계 사무소의 열쇠는?
GM	열쇠는 가지고 있어요. 아무 일 없이 사무소 앞까지 왔습니다. 싸구려로 보이는 문에 사무소의 이름이 적혀 있어요.

이 냄새 싫어
암모니아 냄새는 주로 불결한 장소에서 난다. 무심코 얼굴을 찌푸리게 하는 냄새다.

타마라	경계하면서 열쇠로 문을 열고 안에 들어가자.「만약 내가 이상해지면 경계해.」
밀리아	「알았어.」
마리	「그래. 눈 똑바로 떠야 해.」
타마라	「걱정 마. 내겐 어글리 스웨터가 있으니까.」
GM	네. 안은 넓은 방인데, 칸막이가 몇 개 있네요. 회의용 공간과 책상이 있는 방, 욕실 및 자료 보관실로 나뉘어 있습니다.
타마라	어디부터 뒤져볼까? 아무도 없지?
GM	네.
타마라	누가 우리보다 먼저 여길 뒤진 흔적은 없어?
GM	없습니다.
밀리아	이곳의 회계사도 **마리가 당한 그거**에 당한 거지?
타마라	아, 그렇겠네. 그럼 여기에는 아무것도 없을 가능성이…….
GM	하지만 스트레스는 받아주세요.
타마라	(【광기】를 뽑는다) ……. 으으. 왜 내가 이런…….
GM	뭘 뽑았어요? (카드를 본다) 아하, 과연.
밀리아	응?

마리가 당한 그거
눈을 깜빡이는 횟수는 1분에 약 15~20회. 참으면 1분에 1~2회로 억누를 수 있지만, 깜빡인 횟수만큼 패닉이 덮쳐오니……. 곧 발광하는 모습이 쉽게 상상이 간다.

타마라 불안이라는 게 이것저것 있잖아.

마리 이거라든가 그거라든가.

밀리아 그렇구나. 다들 뭔가 있단 말이지.

마리 이것저것 말이지. 기대해도 좋을 거야.

GM 그럼 조사해보세요. 판정입니다.

타마라 《미디어》로. (주사위 굴림) 성공했어.

GM 2층의 핸드아웃 뒷면을 보세요.

밀리아 「어때?」

마리 「눈은 절대 감지 마!」

타마라 「아아, 이건…….」

GM 옆방으로 갑시다.

타마라와 GM이 옆방으로 가더니 잠시 후 돌아왔다.

마리 최후의 요새는 밀리아가 될 것 같은데……. 아니, 아직 알 수 없지.

밀리아 가능성은 아직 남아 있어.

마리 그런데 걔 원래부터 좀 이상하지 않았어? 스웨터 이야기할 때부터.

밀리아 **일종의 광기**랄까.

마리 그렇지? 크리스마스 운운하는 것도 왠지 그런 SCP가 있을 것 같아.

GM 음, 네. 통신이 복구됐습니다.

일종의 광기
이런 말이 나와도 이상하지 않을 정도로 어글리 스웨터의 무늬는……「위험」하다. 전체적으로 밝아서 도리어 불안해진다.

밀리아 「그쪽 상황은 어때? 리더? 타마?」

타마라 「굉장히 중요한 정보를 알아냈어!」

밀리아 아…….

마리 너도냐.

밀리아 역시 이렇게 되나.

GM 목소리가 굉장히…… 불명확해요.

밀리아 어?

타마라 「지금 당장 내려갈게! 빨리 다 함께 실행해야 하거든!」

밀리아 「뭔데? 뭘?」

타마라 「이를 깨끗이 닦아야 해!」

잠시 침묵.

마리 어, 뭐?

타마라 오물오물.

밀리아 「너, 지금 뭔가 먹고 있니?」

타마라 「무슨 엉뚱한 소리야? 이 닦고 있걸랑!」

밀리아 이 소리가 이를 닦는 소리야? 아니면 뭘 씹는 소리야?

GM 으음. 글쎄요. **모래같은 것을 씹는 듯한 소리**에요.

마리 왜? 뭔데?

모래같은 것을 씹는 듯한 소리
알갱이가 포함된 치약일까? 아니면 소금으로 양치질?

밀리아	이를 닦…… 고 있는 모양인데.
마리	「웬 양치질? 지금 그럴 때가 아닌데.」
밀리아	아니, 양치질이 아니라…….
타마라	연락을 마치고 애들한테 직접 알려줘야지! ……그러면서 뛰어내려가.
GM	네. 타마라가 계단 입구에서 길거리로 나와 피자 가게를 향해 달려옵니다.
마리	상태는?
타마라	손가락에 머리카락을 감아서 그걸 입에 쑤셔 넣고 칫솔질을 하며 달리고 있어.
밀리아	이건 또 뭐야!?
GM	인터컴을 통해 모래를 씹는 듯한 소리와 타마라의 망언이 함께 울려 퍼집니다.
타마라	「얘들아, 이는 중요해! 머리카락으로 깔끔하게 이를 닦아야 해!」
밀리아	「와아아아. 이, 일단 손을 떼!」
타마라	「그럴 순 없어!」
GM	이상한 행동이므로, 그걸 본 사람은 《혼돈》으로 공포판정을 하세요.
밀리아	공포심인데.
GM	그럼 마이너스 2를 받습니다.

밀리아 ……. 10 이상 나와야 해.

타마라 어렵다.

마리 (주사위 굴림) 실패했어.

밀리아 (주사위 굴림) 나도.

GM 그럼 둘 다 【광기】를 받으세요. 8장 남았습니다.

밀리아 덱이 줄어든다악!

타마라 피자 가게 문을 쾅 열고 **자리에 털퍼덕!**

마리 오지 마아!

밀리아 입에서 손을 뺄 수는 없을까?

GM 막으려고 하면 폭력적으로 대응합니다.

타마라 「빼지 말라고오!」

밀리아 「우리, 이는 칫솔로 닦자!」

타마라 「치아 미백에는 머리카락이 최고란 말이야!」

밀리아 「헤에?」

타마라 「**머리카락의 단백질 섬유**가 치아 미백에 가장 좋아.」

밀리아 이를 닦자는 게, 그러니까 무작정 닦는 게 아니라 머리카락으로 닦자는 이야기야?

자리에 털퍼덕!
피자나 먹을 때가 아니야!

머리카락의 단백질 섬유
끝이 갈라진 머리카락은 치열의 미세한 부분까지 닦아내기에 딱 좋아! 왜 이걸 지금까지 몰랐을까!

타마라 당연하지. 「칫솔 같은 화학물질 따위로 이를 닦는데 위생상 불안하지 않아? 자기 몸의 일부로 닦는 게 역시 최고지. 이도 하얘지고.」

밀리아 「하? 어? 머리가 짧으면 어떡해?」

타마라 「그야 뽑아서 써야지.」

밀리아 「대머리는?」

타마라 「**가죽을 벗기면** 되잖아?」

가죽을 벗기면
머리가죽의 모공에 대한 절대적인 신뢰감.

밀리아 「자기 머리가 아니면 안 돼?」

타마라 「당연하지!」

마리 「타마, 그런 소릴 어디에서 들었어?」

타마라 「어? 아까 팸플릿에서 봤어.」

마리 ……. 나 때랑 좀 다른데.

타마라 덕분에 세계의 진실을 깨달았어.

밀리아 이거 몰래 동영상으로 찍어둘게. 쩔쩔매면서.

타마라 이사관한테도 연락하자. 「류 이사관! 이를 깨끗이 닦으려면 머리카락이 제일이에요! 한시라도 빨리, 다른 멤버들에게도 전해주세요!」

GM(이사관) 「……. 명백한 밈 오염이군.」

밀리아 「으음, 인식재해라고 하던가요? 2차 감염은 일어나지 않는 것 같은데…….」

타마라 「이상한 소리 하지 마시고!」

마리 「얘 어쩌지?」 눈을 억지로 뜨면서.

밀리아 일단 기억을 소거하는 게 낫겠지? 적당히 두 사람을 **달래면서** 정보를 리포트 시트에 붙일게.

GM 그것도 한도가 없는 건 아니니 그 부분은 현장의 판단에 맡깁니다.

타마라 다행히도 당장 죽을 증상은 아니니까.

마리 아직 행동할 수 있어.

밀리아 으음.

마리 「그런데 그 팸플릿은 어디 있어?」

타마라 「위에 있는데?」

마리 위? 2층인가?

밀리아 「가지고 오지는 않았지?」

타마라 응. 누가 회의실에 **대충 던져 놨던데**.

마리 나중에 회수해야 하나…….

타마라 굉장히 중요하긴 하지만, 그냥 팸플릿이야.

밀리아 있는 곳이라도 메모해두자…….

6. 너희 때문에

GM 이번에는 누가 행동할래요?

밀리아 마리, 2층에 가서 팸플릿 주워 와 줄래?

마리 보기만 해도 정보재해에 노출되잖아. 난 이제 **눈을 감을 수 없다**니까.

달래면서
이미 동물을 상대하는 수준의 커뮤니케이션.

대충 던져 놨던데
팸플릿을 읽은 사람은 즉시 두 손을 머리카락으로 가져갔을 테니 내팽개치지 않을 수가 없었으리라.

눈을 감을 수 없다
새빨갛게 충혈된 눈과 깜빡일 때마다 파랗게 질리는 안색이 대조를 이루어 흡사 어글리 스웨터 같았다고 한다.

타마라	아니, 2층의 그건 정보재해가 아니야. 오히려 마리가 정보재해에 노출됐잖아.
밀리아	둘 다 노출됐다고…….
GM	카드를 가지고 있으니까요.
밀리아	정보재해 카드도 조사할 수 있어? 뒷면에 뭔가 쓰여 있나?
GM	할 수 있어요. 상세한 설정이 적혀 있습니다.
밀리아	2차 감염은 일어나지 않는 것 같으니까 그쪽을 조사해도 되겠지……?
타마라	그러게.
밀리아	지금까지 그냥 내버려뒀지만, 다른 캐릭터의 【비밀】은 무슨 내용일까? 이렇게 순식간에 이상해진 것도 수상해.
타마라	**후후후.**
밀리아	그러니 마리의 【비밀】을 조사할게.
마리	과, 관두는 게 좋을걸?
밀리아	여자 화장실에 데려가서 비밀을 듣겠어.
타마라	그럼 난 좌석에서 묵묵히 **머리카락을 씹고** 있을게.
마리	가게에 들어온 손님이 연달아 공포판정을 하고 도망치겠는데.
타마라	이게 크리스마스의 힘이야.
GM	아닙니다.

후후후
기다렸다는 듯이 하얀 이를 드러내며 웃었다.

머리카락을 씹고
치아 미백껌과 같은 효과를 노리고.

밀리아	그렇게 됐으니 화장실 세면대에서 「뭔가 감추고 있지?」라며 마리를 추궁해. 「걱정이 돼서 임무에 집중할 수가 없어.」
마리	「하지 마. **제발 이러지 마.**」
GM	조사판정을.
밀리아	《친애》로.
GM	하세요.
밀리아	「떠올려 봐. 우리, 피자 먹으면서 다 잘 풀릴거라고 이야기했잖아.」
마리	진짜 실패하는 게 나을 거야, 이거.
밀리아	(주사위 굴림) 응, 성공.
마리	아…….
GM	네. 보여주세요.

핸드아웃: 마리
【비밀】: 확산정보. 당신은 거듭된 재단의 임무 탓에 정신적으로 궁지에 몰려 파탄나기 직전이다. 이 【비밀】이 알려진 시점에 당신은 【광기】를 2장 뽑는다.

밀리아	어라!?
타마라	아.
밀리아	과연. **쇼크 전원**이구나……. 【이성치】 깎을게.
타마라	나돈가. 나중에 알게 된 걸로?

제발 이러지 마
이 묘하게 절실한 대사는 뭐지?

쇼크 전원
「쇼크」의 조건이 「전원」(즉 【비밀】을 본 사람이라면 누구나)인 【비밀】이 확산정보로 공개되었으므로, PC 전원이 「쇼크」를 받게 됐다.

GM 네.

마리 아, 【광기】가 네 장이 됐어.

GM 이 시점에서 【광기】를 한 장 공개합니다. 랜덤으로.

타마라 이거, 우리 지금 상당히 위험한데.

마리 그럼 **밀리아가 한 장** 뽑아줘.

밀리아가 한 장
가장 정상적인 인간에게 중요한 판단을 맡기는 방식.

밀리아는 마리의 손에서 【광기】를 한 장 뽑아서 뒤집었다.

Handout

광기	배신
트리거	당신 이외의 PC가 【광기】를 3장 이상 현재화한다.

이대로 이런 녀석들과 함께 있어도 될까? 이 녀석들 때문에 나까지 이 꼴이 난 거 아니냐고!? 그 장면에 있는 캐릭터 전원(당신은 제외)에게 1점의 대미지를 입힌다.

이 광기를
스스로 밝힐 수는 없다.

GM 밀리아에게 1점 대미지입니다.

마리 「시끄러워! 너희 때문에 이렇게 된 거야!」 전력으로 휘두른 주먹이 작렬해.

밀리아 어, 얼굴에?

GM	얼굴인가요?
마리	배로 할까?
GM	그럼 밀리아 입장에서 보면 상냥하게 말을 건넸더니 마리가 화를 내며 때린 셈이군요.
밀리아	잠깐…….
GM	보디 블로가 정확하게 꽂히는 바람에 **토하면서** 웅크리는 꼴이 됩니다.
밀리아	우욱…….
마리	「뭐냐고! 웃기지 마!!」
밀리아	으윽. 그리고 미안. 【광기】가 연쇄했어.
타마라	뭐라고……?
밀리아	이게 트리거를 충족해서 현재화했어.

토하면서
태연히 여자를 구토하게 하는 마스터!

Handout

광기	복종
트리거	당신이 누군가에게 대미지를 입는다.

당신은 지은 죄를 감추고 살아가는 데 지쳤다. 죄를 벌해줄 사람을 찾고 있다. 트리거를 충족한 캐릭터에 대해 「충성」의 【감정】을 획득한다. 이후, 「충성」을 가진 상대가 바라지 않는 판정에는 -2의 수정을 적용한다.

이 광기를
스스로 밝힐 수는 없다.

GM	요컨대…….
마리	지금의 보디 블로가 **포상**이었단 말이야?
밀리아	그건 아니고!
GM	마리가 정신적으로 궁지에 몰린 것을 모르고 함부로 말해버렸다. 이 죗값을 갚아야만 한다……. 그렇게 믿고 있다는 거네요.
마리	그렇군.
밀리아	「미안해, 미안…….」
GM	그렇게 되었으니 마리가 바라지 않는 판정에는 -2의 수정을 적용합니다.
타마라	그거 마리가 눈을 감지 말라고 하면 열심히 뜨고 있어야 해?
밀리아	아니지. **억지로** 눈을 감기려고 하면 그 판정에 -2의 수정을 적용한다는 이야기지.
GM	맞아요.
마리	이걸로 【광기】 처리는 끝났지? 현재화한 건 버리던가?
GM	옆에 놔두세요.
타마라	저기, 지금 마리 앞이 **난장판**인데?
마리	여기에 카드가 아직 세 장 더 있어.

포상
마조히스틱. 그 근사한 펀치를 한 번 더, 확실하게 맛보려면 제가 뭘 해야 할까요? 그렇게 말하며 미소 짓는 그녀를 내려다보는 내 주먹은 떨고 있었다. 이게 무슨 일이지? 어쩌다가 이렇게 된 거야? 방금 그 일격으로 이 여자는 죽었을 텐데.

억지로
손에는 아이 마스크를 들고 있다. 아이 마스크의 표면에는 큼직하게 「당황하지 마」라고 적혀 있었다.

난장판
흡사 【광기】 백화점. 재고도 아직 잔뜩 있다.

밀리아	생각하기에 따라서는 꼭 나쁜 것만은 아니야. 【감정】을 획득할 수 있었고, 【비밀】도 알아낸 거니까.
마리	남은 【광기】는…….
GM	6장입니다.
타마라	정말 중요한 정보는 전혀 안 나온 것 같은데.
밀리아	6장이지? 앞으로 두 번은 스트레스를 받아야 할 테니 사실상 4장?
마리	여유가 없네.
타마라	어지간한 일은 이가 하얗다면 해결돼.
밀리아	아니, 그건 아니야.
타마라	아니면 어글리 스웨터도 효과가 있어.
마리	얘도 상태가 악화되고 있어!
GM	장면 끝낼까요?
밀리아	아니, 방금 한 판정은 재단 직원에 대한 조사판정이었으니까 【내부 자료】를 사용해서 한 번 더 판정할 수 있어.
GM	아차.
마리	후후후. 이제 조사받아도 곤란할 거 없어.
타마라	**화장실에 참 오래도 있네.**
밀리아	마리의 정신 상태를 획득하고 싶어. 조사판정에 도전할게. 다시 《친애》로!

화장실에 참 오래도 있네
예부터 여자끼리 화장실에 가면 시간을 오래 잡아먹는 법이다. 눈꺼풀을 만지작거리고, 격렬한 보디 블로를 주고받는다. 남자에게는 절대로 이야기할 수 없는 은밀한 커뮤니케이션은 항상 여자 화장실 안에서 이루어진다.

GM	네.
밀리아	조사해도 돼?
마리	물론이지.
밀리아	얻어맞고도 열렬한 충성심을 가질 정도의 친애를 담아서. (주사위 굴림)
GM	성공했네요. 【광기】를 랜덤으로 한 장 볼 수 있습니다.
마리	자, 한 장 뽑아서 봐.
밀리아	(보면서) 과연. 이건 알아두길 잘했네.
타마라	슥삭슥삭.
GM	계속 이를 닦고 있는 사람이 있습니다만.
타마라	밀리아가 이를 안 닦아서 슬슬 화가 치미는데. **머리털이라도 쥐어 뜯어줄까.**

머리털이라도 쥐어 뜯어줄까
뽑은 머리털은 빨간색과 녹색의 플라스틱 막대에 박아서 크리스마스 컬러 칫솔 완성☆ 하얗게 반짝이는 이는 하늘에서 내린 눈에도 뒤지지 않을 정도로 퓨어 화이트! 이것이 슈퍼 크리스마스 파워! 파워 오브 티스!

7. 정말로 유감입니다

GM	그럼 이제 마리가 행동할 차례인데요.
마리	으음…….
밀리아	조사할 거면 같이 갈까?
마리	이 스테이터스로 폐건물 조사는 좀….
GM	스트레스가 얽히는 순간 【광기】가 넘치겠지요.
마리	그게 문제야.

타마라 게다가 랜덤이니까.

마리 그러니 스트레스가 붙은 행동은 피하고 싶은데.

밀리아 으음.

타마라 포스터도 그렇고 팸플릿도 그렇고……. **세계의 진실은 인쇄물에 있어.** 멋지다.

밀리아 회복판정을 해보는 건 어때?

마리 그것도 방법이긴 한데……. 하지만 시간이 충분할까?

GM 일단 3사이클 구성이에요.

플레이어들은 직접 작성한 리포트를 확인하면서 잠시 고민했다.

타마라 옥상에 두 번째 인식재해가 있을지도 몰라.

밀리아 세 번째겠지.

타마라 나야 그걸 모르잖아.

마리 저기……. 정보재해로 지정된 부분 말고는 정상적으로 판단할 수 있지?

GM 네.

마리 「나 말이지. 생각해봤는데 건물주가 **흡연자**였잖아? 옥상에 담배를 피우러 간 거 아니었을까?」

세계의 진실은 인쇄물에 있어
출판 업계가 불황인 현대로서는 약간 기쁜 소식…… 일지도?

흡연자
흡연자는 항상 담배를 피울 수 있는 장소를 찾아 돌아다닌다. 안주의 땅을 찾을 때까지 그들의 방황은 멈추지 않는다.

밀리아	「아아.」
타마라	「과연.」
마리	「그렇다면 거기에 타마라가 당한 거랑 비슷한 종류의 인식재해 팸플릿이 있었던 거 아닐까? 머리카락으로 이를 닦으면 하얘진다 같은 거.」
타마라	「그건 인식재해가 아니야.」
마리	「아, 미안.」
밀리아	「하늘을 날자든가? 그런 거?」
마리	아닐까?
타마라	정말로 있을지도.
밀리아	대체 누가 이런 짓을 한 걸까……?
GM	아직 모릅니다. 마지막까지 모를 수도 있고.
타마라	그렇구나…….
마리	우선 가능한 한 SCP 객체를 회수하자.
타마라	으음. GM, 잠깐 나 좀 봐.

타마라와 GM은 옆방에서 짧게 이야기를 나누고 돌아왔다.

마리	무슨 이야기를 하셨을까?
타마라	별것 아니야.

GM 슬슬 마리의 행동을 정해주세요.

마리 건물을 조사하긴 싫은데.

밀리아 회복하는 게 낫다고 봐.

마리 아니.「……. 이사관을 조사하자.」

타마라 그것도 괜찮네.「상황이 묘한데……. 우리는 **함정에 빠졌을지도** 몰라.」

함정에 빠졌을지도
상식과 비상식의 경계. 그 사이에는 빨강과 녹색과 유쾌하기 짝이 없는 무늬가 선명하게 칠해져 있는 듯하다.

밀리아 함께 있자!

마리 그래.

GM 조사하기 전에 아까 말한 판정을 해주세요.

밀리아 어? 무슨 소리야?

마리 어우……. 정보재해?

GM 네.《암흑》입니다.

마리 9. (주사위 굴림) 이런. 망했다.

GM 그럼【광기】를 한 장 받으세요.

밀리아 아앗! 왜!?

마리 버티려고 해도, 버티려고 해도……. **눈이 깜빡여.**

눈이 깜빡여
계속 깜빡이면서 떨린다. 이런 방식으로 움직이는 시계도 있다.

타마라 으에에.

마리 광기가 넘쳤다아. 우에엥. 으음…….

Handout

광기	적이냐 아군이냐
트리거	당신이 대미지를 입는다.

아군이 아니면 모두 적이다. 당신에게 호의를 내비치지 않는 인간은 전부 죽어야 한다! 그 장면에 있는, 당신에 대해 플러스【감정】을 가지지 않은 캐릭터 전원(당신은 제외)에게 1점의 대미지를 입힌다.

이 광기를
스스로 밝힐 수는 없다.

타마라 센데. 밀리아와 내가 대미지?

밀리아 아니, 난 「충성」이 있잖아.

GM 타마라 혼자네요.

타마라 뭣이!

GM 류 이사관이라도 조사해볼까 하고 이야기를 꺼냈는데, 마리가 갑자기 폭발하네요.

밀리아 「왜 그래!?」

마리 「애초에 말이야! 타마라 우리편 맞아?」

밀리아 「같은 편이야. 리더라구. 갑자기 왜?」

마리 「막 이상한 걸 권하잖아!」

타마라 「그거야 정말로 중요하니까 그러지!」

마리	「웃기지 마!!」 커피잔을 **야구공 던지듯이** 던져.
GM	미국에서 쓰는 **350ml**짜리로군요.
타마라	그건 아픈데!
마리	「너도 사실은 배신했지!!」
타마라	「이 스웨터 줄 테니까 진정해!」
밀리아	「그런 거로 진정할 리가 없잖아!」
GM	쨍그렁! 와장창! 가게 주인은 무관심.
밀리아	좀 말리라고오.
GM	잠시 후 발작이 가라앉아서 다 함께 숨을 몰아쉬며 자리에 앉습니다.
마리	「아, 어어……. 이건, 그게…….」
밀리아	「마음 쓰지 마. 괜찮으니까.」
타마라	미안해. 밀리아가 가장 고생이 많네.
마리	**미치는 게 더 편하다**지.
GM	류에 대해 조사판정을 해볼까요? 따로 아이디어가 없다면 정보 단말을 사용해서 이번 건에 관한 정보를 찾는 것으로 연출합니다.
마리	좋아. 그럼 천천히 노트북을 꺼내고.
타마라	그걸로 때릴 작정은 아니겠지?
마리	「이사관을 조사하겠어.」
타마라	「……. 알았어.」

야구공 던지듯이
아름다운 폼! 왼손은 눈꺼풀에 살짝 댈 뿐.

350ml
겨울철에 인기 있는 온음료 페트병이 보통 이 정도 용량. 의외로 무겁다.

미치는 게 더 편하다
실제로 대사를 신경쓸 필요가 없으므로, 정신줄을 놓아버리면 캐릭터로서 발언하기가 훨씬 편할 때도 많다.

마리	《제육감》으로. (주사위 굴림) 성공.
GM	그럼 류 이사관의 【비밀】을 보세요.

【비밀】을 본 마리는 자신의 【이성치】를 줄였다.

타마라	아, 쇼크받았다.
마리	이거 나중에 리포트로 제출할게. 이사관은 감점당하겠지.
밀리아	그런 내용이구나.
마리	리포트를 통해서 보는 게 나아.
GM	어어, 【광기】 발현은 괜찮으신가요?
마리	어?
타라마	또 뭔가 있어!?
마리	있었어.
밀리아	아, 진짜!

Handout

광기	**환각**
트리거	당신이 쇼크를 받아 【이성치】가 1점 감소한다.

들릴 리 없는 목소리가 들리고, 보일 리 없는 것이 보인다. 이게 대체 무슨 일이지……? 이후, 지각 분야의 특기가 지정된 판정에 -2의 수정을 적용한다.

이 광기를
스스로 밝힐 수는 없다.

GM 그럼……. 그 【비밀】에 적혀 있는 사람 있지요?

마리 응.

GM 그가 옆자리에 앉아서 **두 손으로 눈을 억지로 벌린 채** 말합니다. 「선배가 와 버렸군요. 유감입니다. 정말로 유감입니다. 눈은 벌리고 계세요.」

마리 「응.」

밀리아 우리한테는 안 보이지?

GM 네.

마리 「너도 참 안 됐다.」

타마라 「정신 차려! 누구랑 이야기하는 거야!?」

GM(환각) 「저 사람은 배신자예요. 눈을 뜨는 것의 중요성을 이해하지 못하는 것이 증거입니다. 기회를 봐서 죽여버리는 게 좋지 않을까요?」

마리 「글쎄…….」

타마라 안 돼엣!

밀리아 대체 이게 다 뭔지…….

두 손으로 눈을 억지로 벌린 채
당연히 두 손을 못 쓸 테니 커피를 마실 때는 컵에 얼굴을 가까이 대고 핥아 마셔야 한다. 혀를 데겠지만, 눈이 감기는 것보다야 그게 낫다! 문제는 아파서 얼굴을 찌푸릴 때도 동요하지 말고 눈을 벌리고 있어야 한다는 점인데….

8. 나이프로 머리가죽을 벗겼거든요

GM 그럼 슬슬 리포트로 【비밀】을 제출할 시간입니다.

밀리아 PC의 【비밀】도 제출해?

인류 최고오!!
안구 건조와 인류애가 동기화했다. 어지간히 맛이 간 모양.

GM	네.
마리	그럼 내 걸 제출할까. 가혹한 임무로 정신 상태가 불안하다.
타마라	진짜 보고서 같다.
밀리아	집에 갈 수도 없는 노릇이라 죽겠다.
마리	인류를 위해서니까……. 우오오, **인류 최고오!!**
타마라	무리하지 마.
밀리아	가혹한 것도 정도가 있지! 진통제라도 준비해달라고!
GM	【진척】이 1점 들어왔으니 그걸로 사면 되잖아요?
마리	아, 그러네.
GM	이걸로 【비밀】을 3개 제출했으니 타마라는 보고 내용을 【과장】할 수 있습니다.
타마라	아, 그럼 할래! 보고 내용을 부풀릴게. (주사위 굴림) 호! 성공!
GM	마리의 정신 상태가 얼마나 위태로운지를 좀 더 과장해서 썼습니다.
마리	이 이상 뭘 어떻게 과장한다는 거야?
타마라	행인을 찔렀다고 할까?
GM	그건 처분 대상입니다.

타마라 그럼 **곰 인형**을 끌어안은 채 놓지 않고 있다고 하자.

마리 내가 애냐?

밀리아 귀엽고 좋잖아?

GM 뭐, 알았습니다.【진척】7이로군요.

마리 그리고 야유를 담아서 이사관의【비밀】을 제출할래.

밀리아 그것도 있었지.

핸드아웃: 류 이사관

【비밀】: 사기가 떨어지지 않도록 언급하지 않았지만, PC들보다 먼저 가토 요원이 초기 조사를 갔다가 머리카락을 뜯어 먹는 기행을 보여서 치료 중이다.

마리 이거야.

GM 네. 이사관은「말하지 않는 게 낫겠다고 생각했다」라고 말합니다.

밀리아 그 덕분에 멘탈이 너덜너덜해졌잖아.

마리 이런 건 처음부터 말해두라고.

밀리아 **가토 요원**……. 일본계인가?

타마라 치료 중…….「아니, 이게 뭐가 기행이야?」

GM(이사관) 「아무래도 타마라 요원도 같은 증상을 보이는 것 같군.」

밀리아 가토 씨의 치료 성과는 어땠어?

곰 인형
크기와 모양을 불문하고, 위태롭게 눈을 번뜩이는 성인이 곰 인형을 안고 있는 모습은 보는 이를 매우 불안하게 한다.

가토 요원
온화한 눈의 일본계 청년. 보기에도「좋은 사람」이라는 분위기를 풍기는 남자다.

나이프로 머리가죽을 벗겼거든요
합리적인 모발 확보 방법. 모공의 도톨도톨한 부분이 이의 찌꺼기를 닦기에 딱 좋아서 편리한걸!

GM	기억을 지워서 회복했다고 합니다.
밀리아	과연. 그럼 여기 두 명도 기억을 소거하면 회복하겠네.
마리	바로 회복시켜서 가토도 이리로 보낼 것이지.
GM	상처를 입었는데, 회복에 시간이 걸려서요.
밀리아	아하.
GM	**나이프로 머리가죽을 벗겼거든요.**
타마라	우와.
밀리아	히이익.
타마라	그렇다면 나도 밀리아의 머리카락을 쥐어뜯어야 하나?
밀리아	그런 짓을 하면 난 주저 없이 푹 찌를 거야.
마리	슬슬 B등급 기억 소거제를 쓸 때인가.
GM	마리가 아는 카페의 【비밀】과 타마라가 알아낸 회계 사무소의 【비밀】도 리포트로 제출할까요?
마리	이렇게까지 했는데도 감염되지 않는 걸 보니 괜찮지 않을까?
타마라	그렇겠지? 그럼 제출할까.
GM	네. 그럼 공개합니다.

핸드아웃: 1F 카페

【비밀】: 카페 백야드에서 옥상의 열쇠를 발견한다. 또, 기묘한 포스터를 발견한다. 어떠한 수단을 강구하지 않은 채 이 【비밀】을 알게 되면 GM이 지정한 정보재해의 영향을 받는다.

핸드아웃: 2F 회계 사무소

【비밀】: 회의실의 테이블에서 기묘한 팸플릿을 발견한다. 어떠한 수단을 강구하지 않은 채 이 【비밀】을 알게 되면 GM이 지정한 정보재해의 영향을 받는다.

밀리아 똑같네. 쓰여 있는 내용에 따르게 만드는 객체인가?

타마라 그런 것 같아. 여섯 번째 【비밀】을 제출했는데, 【과장】해도 될까?

GM 이 장면에서는 이미 썼잖아요?

마리 아, 또 【지연】해둘 걸 그랬네.

타마라 **보고하는 타이밍이 중요하다**니, 거 세상 살기 참 힘들다.

보고하는 타이밍이 중요
현실 사회를 살아가는 데 필요한 기술이 TRPG의 세계에서도 필요하다는 사실이 명백해진 순간.

GM 【진척】 9입니다. 「재단의 지원」을 이것저것 써봐도 될 시기네요.

밀리아 그보다 정보재해의 내용은…….

GM 알고 싶으면 정보재해의 핸드아웃을 조사하세요.

마리 기억을 소거하면 사라져?

GM 사라질 때는 사라지겠지요.

뒤로 이동
앞머리보다 뒷머리가 양이 더 많으므로.

타마라	……. 슬쩍. 조금씩 밀리아의 **뒤로 이동할게.**
밀리아	조사한 후에 기억을 지워야 하나.
마리	그럴 필요 없어.
타마라	없고말고.
GM	없을지도 모르지요.
밀리아	어……. B등급 기억 소거제는 장면의 주요 행동이 끝난 뒤에 사용하는 거였지? 이거 마스터 장면에서도 쓸 수 있어?
GM	따로 정해진 건 없지만, 이번에는 괜찮습니다.
밀리아	이대로는 내 목숨까지 위험할 것 같아. 두 사람에게 B등급 기억 소거제를 사용할래.
GM	흐음. 《제육감》으로 판정을.
밀리아	어? (주사위 굴림) 성공인데?
GM	막연하게 알아차렸습니다만, 기억을 소거하려고 하면 둘 다 폭력으로 대항할 것 같네요. 밀리아가 장비를 더듬는 것을 무시무시한 눈으로 보고 있습니다.
마리	……. (빤히 쳐다봄)
타마라	설마 그걸 주사할 생각은 아니지……?

밀리아 둘 다!?

GM 둘 다예요.

타마라 굉장히 중요한 사안이 걸려 있으니 저항해야지.

밀리아 커피에 약을 타 놓고 속여서 마시게 해도 안 될까?

GM 아, 과연.

마리 조킹을 참 잘도 써먹네.

GM 한 사람씩이라면 괜찮습니다. 《약품》으로 판정해보세요.

밀리아 없으니까 대신 《생물학》에서……. 목표치 7이야. 「일단 커피나 마시자.」 (주사위 굴림) 응, 성공.

GM 누구 커피에 약을 타나요?

밀리아 타마.

타마라 그럼 **머리카락 틈새**로 꿀꺽꿀꺽 마시고.

GM 타마라는 쓰러졌습니다. 현재화하지 않은 【광기】를 덱에 되돌립니다.

타마라 **꽈당!**

GM 그리고 마리는 밀리아가 타마라의 커피에 뭘 탔다는 걸 알아차립니다.

마리 그건……. 「너 지금 뭐 했어?」

밀리아 「아무 짓도 안 했는데?」

머리카락 틈새로
이에 묻은 커피를 즉시 닦아내고자 머리카락을 준비하고 있다. 커피에 젖은 머리카락으로 닦아도……. 보시다시피 반짝반짝!

꽈당!
요란하게 다리를 차올리며 만화 캐릭터처럼 쓰러졌다.

GM	기본 지식이 있으니 마리는 상황을 파악합니다. 밀리아 요원이 본인의 동의를 구하지 않고 타마라 요원에게 B등급 기억 소거제를 사용했습니다. 이거 자칫하면 당신도 당하지 않을까요?
마리	슬금슬금.
타마라	나는 「속였구나!」라고 말하면서 쓰러질게. 「상층부의 **개**는 바로 너였어!」
밀리아	뭐래니?
마리	「거, 걱정하는 척하더니…….」
GM	전투입니다. 먼저 마리에게 약을 먹였어야 했어요.
밀리아	앗……! 【광기】 복종의 효과!
GM	가토의 환각이 마리에게 말합니다. 「개입니다, 개에요. 주위를 빙글빙글 돌면서 짖다가 주인이 죽으면 먹어 치울 작정이에요. 당신도 먹힐 겁니다. 지금 처치해야 해요.」
마리	「그래. 그랬구나. 그랬구나!!」
밀리아	「여기에는 사정이……!」
마리	「그런 식으로 기억을 빼앗아서 얼버무리려 하다니!」
밀리아	「얘기를 좀 들어!」
GM	플롯하세요.

개
이것도 「편리한 개」의 일종이다. 환각의 형태로 나타나 저쪽으로, 이쪽으로, 빙글빙글, 빙글빙글.

타마라 진짜… 엉망진창이다….

마리 「우와아앙!!」

밀리아 싸울 수밖에 없나!

제1라운드의 플롯은 아래와 같다.

마리 6

밀리아 3

마리 당하기 전에 해치운다! 【기본공격】으로…… 의자로 때릴까?

GM 그러기 전에 무심코 눈을 깜빡였어요. 《암흑》으로 공포판정을 하세요.

마리 윽. (주사위 굴림) 성공했어!

타마라 분노가 마리로 하여금 공포를 잊게 했다…….

밀리아 기뻐해야 하나, 말아야 하나.

마리 일어서서 그대로 앉아 있던 의자의 등받이를 잡고…….

GM 사각에서 갑자기 흉기를 꺼내는 셈이군요. 멋진데.

밀리아	우와아.
마리	(주사위 굴림) 성공!
밀리아	회피판정…… 하길 원해?
마리	당연히 안 하길 바라지!
GM	-2의 수정이 발생합니다.
밀리아	마리는 나를 때리고 싶을지도 몰라. 맞아야 할지도 모르지. 확실히 약을 타긴 탔고.
타마라	옳소, 옳소!
밀리아	하지만! (주사위 굴림) 회피판정, 성공했어!
마리	「이게 **쥐새끼처럼!**」
GM	다음은 밀리아의 행동입니다.
밀리아	으……. 탈락할래.
마리	도망칠 수 있어?
GM	마리가 허가한다면.
마리	난 기억을 소거당하고 싶지 않을 뿐이니……. 좋아. 도망쳐도.
밀리아	그럼 의자를 피하면서 도망칠래.
GM	가게 주인은 반응하지 않습니다.
타마라	그 사람 실은 이미 **죽은 거 아니야?**
GM	마리는 전과를 고를 수 있는데요?

쥐새끼처럼
그야말로 한 마리 쥐를 연상시키는 민첩함!

죽은 거 아니야?
전화만 받아도 죽는 타입의 정보 처리를 받았을 가능성이 있다.

마리	그렇지, 참. 뭐로 할까.
GM	밀리아가 가지고 있는 객체나 【감정】, 【비밀】, 【거처】로군요.
마리	음. 【비밀】은 아까 그걸 생각하면…….
타마라	PC의 【비밀】은 보나 마나 변변한 게 없을걸.
마리	밀리아의 【거처】로 할까.
밀리아	으윽. 갑자기 뒤통수가 근질거린다!?
마리	일단 종료.
GM	그럼 다음 장면부터 제3사이클인 걸로 치고, 지금 건 밀리아의 행동으로 간주하지 않겠습니다.
밀리아	오, 고마워.
GM	한 번 더 뭘 할지 생각해주세요.
타마라	난 이제 일어나도 돼?
GM	네. 일어나면 난장판이 된 피자 가게에서 의자를 든 마리가 거친 숨을 몰아쉬고 있습니다.
마리	허억, 허억, 허억…….
타마라	정보재해는 사라졌어?
GM	……. 사라졌어요. 아까 건넨 쪽만 회수합니다.
타마라	응.

우아한 휴일
새로 완성한 신작, 정성들여 탄 커피, 오늘도 화사한 어글리 스웨터. 모든 것이 완벽했다. 그랬는데.

팀이 분열하고 있어
그러고 보니 타마라는 리더였다.

GM	집에서 **우아한 휴일**을 보내며 자고 있었는데, 깨어보니 다른 장소에 있는 기분이에요.
타마라	「……? 여기, 어디?」
마리	「타마라, 밀리아는 적이야!」
타마라	「뭐!?」
마리	「배신자라고!」
GM	리포트는 볼 수 있으니, 이사관에게 비밀 회선으로 대강 설명을 듣겠지요.
타마라	「……. 그랬구나. 우선 진정해.」
마리	「응. 그리고 눈은 감지 마.」
타마라	**팀이 분열하고 있어**……. 어떡하지?
GM	글쎄요?
타마라	……. 좋아, 그렇다면…….
마리	「그 배신자, 어디로 도망쳤는지는 대충 파악했어!」
타마라	「마리, 밀리아는 정보재해에 노출됐어. 그래서 그런 이상한 짓을 한 거야.」
마리	헉……. 그랬구나.
GM	사실은 아닙니다만.
타마라	구슬리려는 거지. 「그러니까 용서해 줘. 찾아서 빨리 기억을 소거해줘야지.」
마리	「……. 그렇구나. 미안해서 어쩌지?」

GM	환각 속의 가토는 그걸 믿느냐는 표정입니다.
마리	괜찮아, 괜찮아.

9. 현실이란 뭘까

GM	자, 한편 밀리아는?
밀리아	타마와 합류하고 싶어. 근처의 골목에서라도.
GM	좋습니다.
타마라	「이사관의 지원이 올 테니까 잠깐 접선하고 올게. 마리는 잠시 대기하면서 쉬고 있어.」
마리	「그래. **눈은 똑바로 뜨고.**」
타마라	후우……. 밀리아는 어디 있지?
밀리아	바로 옆의 골목에서 손짓 중.
타마라	아, 저기 있네. 「이거 어떡하지?」
GM	정보재해의 영향에서 벗어나니 이상한 게 한둘이 아닙니다. **머리카락이 엉망**이네요.
타마라	내가 쓴 보고서에 머리카락으로 이를 닦으라고 적혀 있지를 않나. 「나 대체 뭘 쓴 거야?」
밀리아	타마, 좀 진정 됐어?
타마라	어쩌다가 일이 이렇게…….

눈은 똑바로 뜨고
관계 없는 상황일 때도 무작정 어필하는 타입의 정보재해.

머리카락이 엉망
머리카락을 말리면 젖었을 때의 형태 그대로 마른다. 양치질에는 항상 물기가 따르는 법이니…….

밀리아 강경책을 쓴 건 미안해. 하지만 타마가 나한테 팀을 맡겼잖아.

타마라 거기까지의 기억도 되찾을 수 있지?

GM 아니, 그건 금시초문 아닐까요? 리포트에도 없는 내용이고.

밀리아 윽.

마리 그런 말 했던가?

타마라 뭐, 그래도 부자연스럽지는 않으니까.

밀리아 옳소, 옳소.

타마라 「그래서 마리는 아직 정보재해의 영향을 받고 있는 거지?」

밀리아 「기억 소거를 거부하는 것 같아. 폭력을 휘두르면서 저항하는 바람에…….」

타마라 「적당히 변명해 뒀으니 괜찮아.」

밀리아 아까 받은 B등급 기억 소거제를 돌려주고……. 이번에는 타마가 약을 타 줘.

타마라 그건 이미 경계하고 있어. 불시에 **제압해서 주사**를 놓는 게 낫지 않아?

제압해서 주사
이쯤 오면 동물병원이나 다름없다. 손발을 꺼낼 수 있는 자루까지 준비하면 완벽하다.

마리 꺄아!

GM 하긴 그것도 그렇네요. 기습은 《함정》으로라도 판정할까요.

마리 또 마스터 장면이야?

GM	원래는 타마라가 행동한 뒤에 처리해야 하지만……. 상관없겠지요. 두 사람이 피자 가게에 돌아옵니다.
마리	왔구나.
밀리아	오들오들.
타마라	「밀리아를 잡아 왔어. B등급 기억 소거제를 주사할 테니 네가 얘 좀 잡고 있어.」
마리	앗.
GM	오호.
밀리아	얌전히 잡힐게.
마리	「미안해. 이것도 널 위해서야.」
타마라	그러고 있을 때, **꺼낸 주사를 마리에게 놓아.**
일동	(웃음)
GM	그럼 판정하세요.
타마라	이얍! (주사위 굴림) 성공했도다.
마리	「윽…….」 털썩.
밀리아	나도 이렇게 될지 모르니, 리포트에 누가 피자를 사주면 얌전히 먹으라고 적어두자.
마리	이제 어떻게 돼?

꺼낸 주사를 마리에게 놓아
그림 같은 기습!

GM	지금 마리 혼자 가지고 있는 정보는 본인이 받은 정보재해뿐이니, 이걸 회수하면 되겠지요. 며칠간의 기억을 잃고 눈을 뜹니다.
마리	「헉! 나는…….」
타마라	「임무 중에 정보재해에 노출됐어. 여기 리포트.」
GM	현재화한 【광기】는 사라지지 않으니까, 가토의 환각은 아직 남아 있지만요.「안녕하세요, 가토 요원의 환각입니다. 당신이 잃은 기억이 어떤 건지 알고 싶나요?」
마리	「어? 응.」
GM(환각)	「남극에 광대한 영지를 가진 **펭귄 제국**과 사투를 벌였어요.」
밀리아	무슨 헛소리냐, 환각.
타마라	이상한 소리 불어넣지 마!
마리	아무리 그래도 그럴 리가 없다는 건 알겠지.
GM	보기만 해도 특정한 행동을 유도하는 인쇄물을 회수 중이라는 내용은 리포트에 있습니다만.
마리	현실……. 현실이란 뭘까.
밀리아	「진정했어? 자, 여기 **아무것도 안 넣은 커피.**」

펭귄 제국
춤추고 노래하는 전뇌 미남미녀를 거느린 퀸 구게폰의 위대한 제국! 하지만 추워서 기본적으로 주휴 8일제. 모두가 꿈꾸는 만년 휴가의 천국이다놔로.

아무것도 안 넣은 커피
평범한 커피콩에서 추출한 액체로만 가득 채운 엑스트라 샷.

마리	「아, 고마워.」
타마라	오해 살만한 소리는 하지 마.
GM	그럼 장면 끊겠습니다.

10. 함께 싸워달라고 하자

GM	마지막 사이클이니 임무를 확인합시다. 현재 SCP 객체로 보이는 것은 셋입니다.
밀리아	내가 가진 「눈을 감으면 안 된다」랑…….
타마라	2층에 있던 「머리카락으로 이를 닦자」.
마리	세 번째는 뭐지?
타마라	뭐더라, **높은 곳에서 아이 캔 플라이**를 하면 피가 맑아진다는 내용.
마리	즉사 트랩이냐.
타마라	이건 아마 3층이나 옥상에 있겠지.
밀리아	이걸 전부 회수하고, 아마도 습격해올 세계 오컬트 연합의 요원을 피해서 귀환하라고?
마리	쓰러뜨리면 안 돼?
타마라	전투 훈련을 받은 상대라고 쓰여 있어.
GM	【진척】을 소비해서 전술반이나 전투부대를 부르면 이길 것 같네요.
타마라	아, 맞다. 전부 부를 수 있어.

높은 곳에서 아이 캔 플라이
"왕"에 심취한 사람이 날 수 있다고 믿고 공중에 몸을 던지는 광경. 간식의 왕 도넛? 그걸로는 날지 못한다. 과일의 왕 두리안도 마찬가지. 환수의 왕 드래곤의 힘을 얻은 자만이 하늘을 날 수 있다. 최악의 경우에는 죽겠지만.

로봇이 아니라 로보
어미가 「로보」일 가능성도 버릴 수 없다.

GM	여러분의 보고 덕분에 임무의 중요성이 명확해진 거지요.
밀리아	그럼 우선 2층에 놔둔 「머리카락으로 이를 닦자」를 회수하자. 여기에서 회수 전문가를 불러도 되지?
타마라	그래.
GM	그럼 요청을 받고 특수 기능을 보유한 요원이 옵니다. 이름은 로보에요.
마리	로봇?
GM	**로봇이 아니라 로보.**
타마라	사람 이름이 로보란 말이지?
GM	네. 그는 리포트를 읽고 드론을 가져왔어요.
마리	그 날아다니는 거?
GM	아니요. 걸어 다니는 상자 같은 녀석입니다. 계단과 문에 대응하는 커다란 녀석인데, 이번 회수를 위해 팔과 주머니를 장비하고 왔습니다.
밀리아	「잘 부탁해요, 로보 씨!」
GM(로보)	「계단 도중까지는 안전하지?」라며 근처에 드론을 셋업.
타마라	B등급 기억 소거제 들고 이 사람 뒤에서 대기할까.

GM	불쾌한 표정을 짓는데요.
타마라	안전을 위한 조치니까……. 드론에 카메라를 달아서 그걸로 보는 거지?
GM	카메라는 있습니다만, 영상을 보고 조작하는 건 격리 기지에 있는 D계급 직원입니다.
마리	아, 똑똑하다.
밀리아	조직의 힘을 빌리니 일이 쉽네.
GM	판정은 PC가 하지만요. 그러고 보면 이건 누구의 행동인가요?
밀리아	어, 그게…….
타마라	일단 내 행동인 걸로. 리더니까.
GM	알겠습니다. 지정특기는 《정리》면 되겠지요. 로보 덕분에 +2의 수정을 적용합니다.
타마라	(주사위 굴림) 읏.
밀리아	딱 성공.
GM	무사히 회수했네요. 그리 크지 않은 팸플릿입니다.
밀리아	만세! 먼저 회수한 거랑 같이 챙겨둘게.
마리	아, 꺼내지는 마.
타마라	주머니에 넣어서 가지고 돌아왔다는 건……. 조작한 D계급 직원은 무사해?

GM(로보)	「무사해. 카메라 너머로는 영향을 받지 않는 것 같군.」
밀리아	카메라.
타마라	너, 가지고 있지?
밀리아	오오. 갑자기 평범한 핸디 카메라가 객체로부터 몸을 지키는 **굉장한 아이템이 됐어!**
마리	만세!
GM	로보는 드론을 싣고 온 미니밴으로 돌아가서 대기합니다.
마리	계속 있어 주는 거야?
타마라	회수 판정에 계속 +2가 붙어?
GM	판정에 실패하면 정보재해에 노출돼서 죽을지도 모르지만.
밀리아	안전을 확보하는 방법을 알아냈으니 이제 도움을 받지 않아도 될…… 거야.
마리	습격을 받을 것 같은데, 함께 싸워달라고 하자.
GM	**싸움은 안 합니다.**
타마라	무리인가.
밀리아	후우.
GM	타마라의 행동이 끝났습니다. 이제 어떻게 하시겠어요?

굉장한 아이템이 됐어
개성을 부여하기 위한 아이템이 의외의 국면에서 중요하게 쓰이는 것도 TRPG의 묘미 중 하나다.

싸움은 안 합니다
로보, 싸움은 하지 않는다 로보.

타마라 그 전에 회수한 객체를 볼 수 없을까?

마리 보면…….

타마라 직접 본다는 게 아니라 영상 기록이나 복제 같은 걸로. 리포트로 제출해두고 싶어.

GM 과연.

밀리아 눈을 감지 말라는 녀석은 무리겠지만, 이를 닦으라는 쪽은 기록이 남았을 것 같네.

GM 자, 여기 그림이 있습니다.

GM이 꺼낸 종이에는 상쾌하게 웃는 금발 여성의 그림이 인쇄되어 있었다. 그림 아래쪽에는 **검은 띠**가 있는데, 거기에 글씨가 적혀 있다.
「자신의 머리카락으로 닦은 이는 놀라울 정도로 하얘진다」

검은 띠
유단자의 증거를 말하는 것이 아니다. 문자를 돋보이기 위한 일종의 고안.

마리 상쾌하게도 웃네.

타마라 설득력이 있는 건지 없는 건지.

밀리아 이거, **일부러 만든 거야?**

일부러 만든 거야?
그야 이런 문구의 포스터는 실존하지 않으니까. 이런저런 툴을 사용했습니다.

GM 뭐, 일단 전부 만들어뒀어요. 옆방에 가면 보여주려고.

마리 이런 걸 보면 하라는 대로 행동하게 되는 건가.

GM 전철이나 파출소에 보면 상품 광고 말고, 특정한 행동을 권하거나 의견을 표명하는 광고가 있잖아요? 이건 그런 느낌의 객체입니다.

밀리아	아하, 의견 광고? 약물 남용 금지 같은 거?
GM	바로 그겁니다. 집에서 해야 할 일 리스트라든가….
타마라	아하!
마리	학교 보건실에도 있지. 담배를 피우면 **폐가 이렇게 된다**느니.
GM	그런 것도 있었지요.
타마라	그것의 비상식적인 버전일까…….
밀리아	악의가 느껴진다.
타마라	하지만 객체의 개요는 대충 파악했어.
GM	장래에 일리노이 주 전체를 감시하면서 이런 종류의 객체를 찾게 될 듯하네요.
마리	그 계기가…….
밀리아	우리의 조사란 말이지. 그렇구나.
타마라	자, 이걸 리포트에 첨부하고.
GM	네.
타마라	분명히 뛰어내리라는 내용의 무언가가 한 장 더 있을 것 같아.
마리	있겠지.

폐가 이렇게 된다
기분 나쁠 만큼 현실적으로 장기를 그려 놓은 포스터. 장기 내부의 생김새를 이런 포스터로 처음 알게 된 아이도 많다고 한다.

밀리아	조사 전문가는……. 따로 있을 리가 없지. 우리가 조사 전문가니까.
GM	그렇습니다.
타마라	카메라로 보면서 가는 것만으로는 안심이 안 돼?
밀리아	좀 그래.
타마라	그럴 때는 어글리 스웨터를 입으면 도움이 돼.
마리	그건 안 나왔냐?
밀리아	에이, 이건 개인 취향이잖아.
타마라	그런데 말이야, 이번 조사와는 관계없을지도 모르지만…….
마리	응?
타마라	혹시 사고가 난 건물 말고 다른 곳에도 이런 게 잔뜩 있는 거 아닐까?
GM	절묘한 부분에 주목하셨군요.
밀리아	어?
타마라	「류 씨.」
GM(이사관)	「이사관이라고 부르도록.」
타마라	「그거야 상관없는데, 최근 시카고에서 이런 디자인의 이상한 간판이나 포스터 같은 거 나돌고 있지는 않아요?」
밀리아	그건 알 수 없지 않을까?

마리	일리노이 주 전역이 감시하에 놓이는 건 나중 일이잖아.
GM	으음……. 아아.
타마라	오?
GM	이사관의 말로는 **비슷한 디자인**의 의견 광고는 많다는군요.
타마라	아아, 이런 디자인 흔하구나?
밀리아	분간하기 어렵단 말이네.
GM	그래서 말인데, 이사관은 그런 걸 최근에 본 적이 있습니다.
마리	진짜로?
밀리아	그거 【비밀】 아니야?
GM	TV에서요. 지방 방송국이었지만.
타마라	으에에에?
밀리아	인식재해가 이미 퍼졌어!?
마리	이미 손 쓸 도리가 없잖아?
밀리아	TV 방송국에 가서 CM의 원본을 회수해야 하는 거 아니야?
GM	내용은…….
마리	눈? 양치질?
GM	「아이들에게는 **당신의 사랑**이 필요합니다.」

꽤 긴 침묵이 이어졌다.

비슷한 디자인
시카고만이 아니라 어디에서라도 「금발 여성이 상쾌한 미소를 짓고 있는」「어떤 주장을 담은 의견광고」를 헤아려보면 그 수가 상당할 듯하다.

당신의 사랑
본래는 금전을 요구하는 이미지가 있지만, 정보재해는 다른 형태의 「사랑」을 요구할지도 모른다. 한도를 알 수 없는 악의가 느껴진다.

타마라	평범한데?
마리	아니, 하지만…….
밀리아	이거, SCP 객체인지 판별 못 할 것 같은데?
GM	그러게요.
타마라	「이사관은 그걸 보고 그야 그렇겠지, 라고 생각했나요?」
GM(이사관)	「그야 그렇지.」
밀리아	역시나.
GM	여성을 상대로 「가정폭력을 당하면 곧바로 경찰과 상담하자」라고 광고하는 간판도 본 적이 있는 것 같습니다.
밀리아	으으.
마리	당연한 말이네.
타마라	이 객체……. 생각했던 것보다 훨씬 무서운 것 같아.
GM	이를테면 메시지 내용이 물리법칙에 반하지 않는 경우, 또는 인간의 마음속에서 완결될 수 있는 내용인 경우는…….
마리	영향을 받아도 알아차리지 못한다?
밀리아	응.
타마라	많은 사람이 영향을 받으면 그게 상식이 되지. 확실하게 이상한 행동을 한다면 그 전에 발각되리라고 보지만…….

아무 문제 없다
늦잠을 자다가 화장할 시간을 놓친 여자들이 구원받을 가능성……! 아침의 5분, 10분은 아무래도 좋을 때의 30분과 맞먹는다.

그건 좀 아닌 것 같은데요
정색하며 대답하는 흡연자.

밀리아	그럼 전철 안에서 화장을 해도 **아무 문제없다**는 거야?
GM	그럴지도 모르지요.
타마라	담배를 피워도 폐가 검어지지 않아!?
GM	**그건 좀 아닌 것 같은데요.**
타마라	그, 그렇겠지.
GM	당연하다고 생각했던 상식을 모조리 뒤흔든단 말이지요, 이 객체는.
밀리아	어쩌다가 시카고에서 내용이 이상한 게 발견되어서 SCP 객체가 있다는 걸 알긴 했는데, 사실은 시카고만이 아니라 전 세계에 다양한 디자인의 유사품이 있다면…….
마리	이런 종잇조각이 세상의 상식 중 상당수를 결정했을 가능성이 있다?
GM	네.
타마라	무언가가 인류를 조종하고 있어…?
밀리아	아니, 그만. 이건 깊이 생각해도 어쩔 도리가 없잖아.
마리	아는 범위에서 이상한 행동을 하게 만드는 녀석을 확보할 수밖에 없어.
GM	그런 것의 영향을 받고 있었다는 것을 깨달은 타마라는 《혼돈》으로 공포판정을 합니다.

타마라 진짜? (주사위 굴림) 실패했으니……. 카드 뽑을게.

GM 장대하지요?

타마라 지나치게. 광신도들이 미친 소리를 해도 아무도 알아차리지 못해!

마리 「**크리스마스에는 어글리 스웨터를 입자**」 같은 거 말이지.

밀리아 바로 그거지.

마리 너 이미 영향을 받고 있는 거 아니야?

타마라 무슨 소리를! **흥흥!**

GM 그럼 다음은……. 「한 장 더 있다면 확보해라.」라고 이사관이 말했습니다.

밀리아 네엡.

마리 옥상 갈까…….

11. 눈을 돌릴 새도 없이

GM 밀리아와 마리 중 누가 행동하나요?

마리 먼저 해.

밀리아 그럼 나 먼저. 카메라도 있고.

GM 네. 건물 3층의 문 앞까지는 안전했습니다.

밀리아 여기는 열쇠를 **굳이 바깥**에 뒀었지.

GM 쭉 빈 층이었고, 안에는 아무것도 없을 거예요.

크리스마스에는 어글리 스웨터를 입자
우리가 사는 이 현실 세계에서는 「근래」에 서양에서 유행할 징조를 보이고 있는 듯하다. 일본 상륙도 코앞……?

흥흥!
맹렬하게 화를 내는 소리.

굳이 바깥
대놓고 가지고 가라는 듯한 위치다. 연애 드라마였다면 고백 장면을 빛내기 위한 소도구였겠지만, 이 경우는…….

밀리아	옥상에 가는 김에 안쪽에서 무슨 소리라도 들리지는 않는지 확인하고 갈까?
타마라	그러게. 다 함께 갈까?
마리	그러자.
GM	그럼 (주사위 굴림) 마리 씨. 《소리》로 판정을.
마리	(주사위 굴림) 성공했어!
GM	소리가 들립니다.
밀리아	「무슨 소리?」
GM	옷이 스치는 소리와 발소리입니다. 《소리》로 공포판정을 해주세요.
마리	(주사위 굴림) 우와, 실패했어. 「누가 있어…….」
GM	【광기】 받으세요.
밀리아	빈 층이었을 텐데. 일단 문을 봐둘 건데, 혹시 **문 아래에 빈틈** 없어? 핸디 카메라의 카메라 부분이 들어갈 만한…….
GM	그런 게 들어갈 정도로 큰 **빈틈은 없어요.**
밀리아	종이는 집어넣을 수 있을까?
GM	그 정도라면. 뭔가 적어서 넣어보겠어요?
밀리아	아니, 됐어.

문 아래에 빈틈
「편리한 개」의 동류인 「편리한 빈틈」를 찾는 듯하다.

빈틈은 없어요
그렇게 편리한 건 없었다.

타마라	발소리로 남성인지 여성인지 알 수 있을 것 같은데……. 마리, 어때?
마리	어어?
GM	가볍네요.
마리	「가벼워.」
타마라	GOC인가?
마리	설마 밑에서 습격을…….
밀리아	록이라고 했지? 그 사람 체격은 어느 정도야?
GM	그는 몸무게가 100kg이 넘어요. 절대로 아닙니다.
마리	옷이 스치는 소리라고 했으니 인간이겠지.
밀리아	으음. 우선 객체 조사를 우선하는 게 낫지 않아?
타마라	그럴까? 아래를 경계하면서 가자.
밀리아	내가 선두에서……. 카메라의 모니터만 보면서 갈게.
GM	네. 옥상을 조사한다고 봐도 될까요?
마리	응. 아래에서 뭔가가 오면……. 정 안 되면 밀리아가 가진 **포스터를 무기로** 쓰자.
타마라	갑자기 양손을 못 쓰게 만들 수도 있으니까. 괜찮네.

포스터를 무기로
고대부터 포스터는 검으로 사용하기도 했다. 그래서 지금도 특정한 자질을 가진 자들은 배낭에 포스터를 꽂고 언제라도 싸울 태세를 유지한다고 한다.

밀리아	정말 괜찮을까?
마리	아무튼 카메라를 들고 그것만 보면서 올라가는 거지?
밀리아	맞아.
GM	시야가 좁아지니 잘 해낼 수 있을지 행동판정으로 해결합시다.
밀리아	알았어. 아, 참!
GM	네?
밀리아	투신자살하고 싶진 않으니 몸을 단단히 묶어둘까.
타마라	우리 밧줄 가지고 있다고 해도 돼?
밀리아	**필요한데.**
마리	가지고 있겠지.
밀리아	있어?
GM	있다고 합시다. 로보의 차에 있었다고 해두지요.
마리	이건 회수가 아니라 조사니까 그 사람은 못 쓰겠지.
밀리아	그럼 허리에 묶고.
타마라	**밧줄 끝은 계단 난간**에 묶어야 하나?
밀리아	그래. 이제 카메라 모니터로 시야를 확보하면서 올라가면 안전하겠지.
타마라	그랬으면 좋겠는데.

필요한데
바라는 바를 확실하게 현실화하는 조킹. 「편리한」 시리즈의 동류이기도 하다.

밧줄 끝은 계단 난간에
이러면 설령 무심코 뛰어내려도 그냥 번지 점프다! 최악의 경우에는 죽지만.

마리	지금까지 리포트에 제출한 정보로 판단하면 대충 그래.
타마라	확신은 못 하겠지만.
밀리아	그럼 올라갈게.
타마라	참. 【진척】으로 B등급 기억 소거제를 보충해두자.
GM	알겠습니다.
밀리아	한발……. 또 한발…….
GM	좋습니다. 그렇게 조심스럽게 올라가면…….
마리	잠깐! 밧줄의 반대쪽 끝을 어떻게 할지 아직 선언 안 했어.
타마라	당연히 잡고 있지.
GM	그래요?
밀리아	우와. 왠지 **엄청나게 RPG다워.**
마리	잡고 있는 것만으로는 불안해. 뛰어내려도 지면에 닿지 않을 정도의 길이로 계단 난간에라도 묶어두자.
타마라	아하. 그럼 그렇게 할까.
밀리아	고마워.
GM	확인했습니다.
밀리아	그럼 난 카메라를 앞으로 향하고 모니터를 볼게. 넘어지지 않도록 발을 조금씩 움직이면서 올라가.

엄청나게 RPG다워
그것도 이제는 접하기 힘든 고전 게임 타입. 돌이켜보면 TRPG란 본래 이런 즉흥적인 발상이나 자잘한 질의응답을 하다가 만들어졌다는 사실을 새삼 떠올린다.

GM	알겠습니다. 우선 스트레스를 받으세요.
밀리아	으으. 【광기】 뽑을게.
GM	네. 그럼 옥상의 핸드아웃에 대한 조사 판정을 해주세요. 이 판정에서는 특기를 지정하겠습니다. 《전자기기》입니다.
밀리아	과연……. (주사위 굴림) 실패했다!
마리	부적 쓸게! 「발밑! 발밑!」
밀리아	헉! 놀라면서 발길을 멈췄어.
마리	으으, 불안해서 못 봐주겠네.
GM	다시 판정하세요.
밀리아	그래서 다시 한 번 판정……. (주사위 굴림)
GM	또 실패했네요. 좋았어!
타마라	부적 쓸래?
밀리아	아니, **본인한테는 못 쓰잖아?**
GM	그렇지요. 당연히 옥상에 있을 것으로 여겼던 객체는 엉뚱한 곳에 있었습니다. 시야가 좁아 한발 늦게 알아차린 밀리아의 바로 옆에.
밀리아	「어…….」
GM	눈을 돌릴 새도 없이 쳐다보고 말았습니다.

본인한테는 못 쓰잖아
그렇다. 무기와 달리 부적은 자신에게 사용할 수 없다. 그 탓에 비극을 맞이한 이들도 많을 테지…….

GM은 종이를 꺼냈다.
그것에는 위에서 내려다본 도시를 배경으로 웃으며 점프하는 정장 차림의 남자가 그려져 있었다.
「옥상에서 뛰어내리면 피가 맑아집니다」

마리 앗!

타마라 앗!

밀리아 「……역시!」

마리 역시 뛰어내려?

GM 이 정보재해를 받으세요.

밀리아 (핸드아웃의 뒷면을 본다) 이런 거였구나. 으음, 카메라를 척 내려놓고, 「깨끗한 피를 위해! 지금 뛰어내리겠습니다!」

타마라 「에엑!?」 밧줄을 잡아당길 건데, 어떻게 돼?

GM 타이밍을 놓쳤거나 힘이 부족했던 것 같아요. 밀리아는 엄청난 기세로 달려가서…….

밀리아 우오오오오!

GM 옥상 문을 열쇠로 열고.

밀리아 찰칵찰칵찰칵.

마리 「어라, 어? 뭐야?」

타마라 「왜 일이 이렇게 되는 거야!!」

GM	두 사람이 당황하는 사이에 뛰어내리고 말았습니다.
밀리아	「혈액 순화아아안!!」 **폴짝!**
타마라	밧줄이 있으니…….
GM	그 밧줄이 잘 버텨줄지는 마리가 판정합시다.
마리	이거 실패하면 4층 높이에서 추락?
GM	죽습니다.
밀리아	**피가 맑아져서 사망.**
GM	안 맑아져요.
마리	으으, 책임이 무겁다.
GM	지정 특기는 《포박》입니다.
마리	매듭 상태는……. (주사위 굴림) 좋아! 완벽했어!
GM	휘리리릭 풀려나가던 밧줄은 계산했던 높이에서 딱 멈춥니다. 끝을 묶어둔 난간도 버텨줬습니다.
밀리아	나는……?
GM	2층 정도 높이의 실외에…….
마리	매달려 있겠군.
밀리아	데롱. 「피가 맑아진 것 같아! 한 번 더 뛰어야겠어!」
타마라	완전히 맛이 갔는데?

폴짝!
토끼를 연상시키는 귀여운 도약. 그 앞에서 기다리는 것은 한없이 환한 저승길뿐.

피가 맑아져서 사망
혈관 안에서 오랫동안 다퉈온 며느리와 시어머니가 드디어 화해하여 힘껏 포옹하는 순간이었다. 뼈와 살은 체내에서 사라졌고, 평화가 찾아온 것으로 보였다. 하지만 인간은 뼈와 살 없이는 살아갈 수 없다……. 싸움의 끝은 곧 숙주의 죽음을 뜻했다.

마리	얘 이거 사람들 눈에 띌 텐데.
타마라	최악의 상황이 되면 A등급 기억 소거를 요청해야 하나……?
밀리아	「내려줘! 한 번 더! 한 번 더!」
마리	잠시 내버려둘까?
타마라	그럴 수도 없잖아. 아래에서 B등급 기억 소거제를 쓸 테니까 신호를 보내면 밧줄을 끊어.
밀리아	너무해! 그러면 떨어지잖아!
마리	정신나간 인간의 입장을 **만끽**하고 있군.
GM	마리가 밧줄을 끊고, 밀리아가 떨어진 사이에 타마라가 아래에서 B등급 기억 소거제를 주사한다는 거지요?
타마라	절차를 정리하면 그렇지.
GM	이건 저항할 방법이 없겠군요.
밀리아	저항할 타이밍을 완전히 빼앗겼으니 별수 없겠지.
GM	그럼 밀리아는 1점의 대미지를 입고 기억이 지워집니다.
마리	싹둑.
밀리아	털퍼덕.
타마라	**푹.**
밀리아	「아파……. 난 대체…….」

만끽
어려운 건 생각하지 않아도 된다. 매우 편안하다.

푹
엄청나게 굵은 주사를 놓는 소리.

타마라	「이제 사태를 **처음부터 전부 기억하는 사람이 없긴 한데**, 이렇다나 봐.」
밀리아	「조사 임무 중이구나!」
GM	로보 씨도 「객체 회수에 실패한 것 같네요. 별건 아니고, 그냥 깜빡하고 봐 버린 것 같아요.」라고 감싸줍니다.
밀리아	「실수라.」
마리	이제 시간이 없는데?
GM	이어지는 마리의 조사가 마지막이겠네요.
타마라	어글리 스웨터를 입자. 분명 성공할 수 있을 거야.
마리	단호하게 거절하겠어……!

12. 내가 혼자서 제출할게

GM	그러면 옥상을 다시 한 번 조사해본다는 거지요?
마리	응. 카메라 빌려줘.
밀리아	여기.
타마라	밧줄은 묶어둘게.
마리	옥상 문보다 앞쪽에 있다는 건 알았으니까 조사판정에 플러스 수정 받을 수 없을까?
GM	좋습니다. +1 드리지요.

사태를 처음부터 전부 기억하는 사람이 없긴 한데
정말로 이런 임무가 있었나……? 그런 의심이 솟아날 참이지만, 리포트 시트 덕분에 연속성이 보장된다. 어때요? 편리한 시스템이지요?

마리	좋아.
GM	그리고 이미 어떤 것이 있는지 알고 있으니 조사에 성공하면 회수할 수 있다고 합시다.
밀리아	그거 좋네.
타마라	이제 **투신자살 트랩을 해제**하고 도망치기만 하면 돼!
마리	읏!?
타마라	왜 그래?
마리	아니, 아무것도……. 다녀올게.
밀리아	**일이 바로 끝난다니 멋져.**
마리	글쎄올시다.
GM	끝나기 직전에 기억을 지우고 **리플레시.**
마리	그럼 올라갈게. 에잇! (주사위 굴림) 성공!
GM	OK. 포스터를 발견해서 회수했습니다.

투신자살 트랩을 해제
원래 미대생이라 그런지 타마라는 왠지 모르게 손재주가 좋을 것 같다.

일이 바로 끝난다니 멋져
읽고 싶었던 책도 읽을 수 있고, 가고 싶었던 술집에도 갈 수 있다. 뜨다 만 어글리 스웨터도 바로 다시 짤 수 있다. 어서 일을 끝내자. 그러면 세상은…… 크리스마스다.

리플레시
허브향. 아이 캔 플라이!

핸드아웃: 옥상

【비밀】: 마지막 층계참에서 기묘한 포스터를 발견한다. 어떠한 수단을 강구하지 않은 채 이 【비밀】을 알게 되면 GM이 지정한 정보재해의 영향을 받는다.

GM	따라서 이건 OK.
타마라	「회수했어?」
마리	「아하하. 문제없어. 문제없다고.」

타마라 뭐지?

마리 두둥. 【광기】가 현재화했습니다!

밀리아 말도 안 돼!

Handout

광기	가지고 도주
트리거	당신이 SCP 객체를 입수한다.

당신은 SCP 객체에 매료됐다. 당신은 입수한 SCP 객체를 어떻게든 개인적으로 소유하려고 한다. 이 【광기】가 현재화하고 있는 동안 당신의 【사명】은 「클라이맥스 페이즈가 끝날 때 자신이 SCP 객체를 가지고 있다」로 변경된다.

이 광기를 스스로 밝힐 수는 없다.

GM 얏호!

마리 이건 굉장히 강력한 무기니까 챙겨두면 **도움이 될지도 몰라.**

타마라 그만둬!

마리 내 주머니에 넣어두자.

타마라 객체를 **꿀꺽**하려는 녀석이 출현했어. 이거, 지금 당장은 못 알아차릴까?

GM 아마 나중에 양도를 거부하거나, 이대로 도주하는 전개가 기다리고 있겠지요.

도움이 될지도 몰라
방 정리를 게을리하는 사람이 자주 하는 종류의 발언.

꿀꺽
분실물을 관장하는 신의 이름. 뒤에 「하다」를 붙이면 신에게 물건을 맡겨서 없었던 것으로 하려는 행위를 나타낸다. 신에게 맡긴 것을 되찾을 확률은 5대5.

마리 「이건 내가 혼자서 제출할게.」

타마라 에이, 서두르지 마. 그 전에 리포트로 정보를 제출해야지.

마리 아, 그렇지. 내가 회수했다는 건 들키는구나.

13. 쓸데없는 짓을

GM 그럼 이제 보고 시간입니다만…….

타마라 응.

GM 옥상의 【비밀】을 제출해서 【진척】 1점입니다.

마리 얼마 못 벌었네.

밀리아 충분하잖아.

GM 【진척】은 마지막에 공적점으로 변환할 수 있으니 안 쓰고 모아둬도 유용합니다.

밀리아 남은 건…… 또 뭐가 있더라?

타마라 마리의 응답 상태가 이상했다고 포스트잇에 써서 붙여 둘게.

밀리아 아, 그거!

마리 쓸데없는 짓을!

GM 마리는 공적점을 못 받을지도 모르겠군요.

마리	이런 조직은 이제 지긋지긋해! 도망치고 말테다!
타마라	지원 요청할까?
밀리아	하지만 도망치는 것뿐이잖아?
마리	너희도 나랑 다를 것 없잖아!
타마라	으음. 제4사이클 열려?
GM	건물의 객체를 모두 확보했으니 안 열립니다.
타마라	그렇구나.
밀리아	이 뒤는 클라이맥스 페이즈야?
GM	네.
마리	좋아, 다 덤벼!
타마라	알았어, 알았어.

클라이맥스 페이즈

상업 지구의 어느 잡화점 구석에서 대기하던 록 집행관의 표정이 일변했다. 문제의 건물에 대한 조사 활동이 끝났다고 연락이 들어온 것이다.

「시작한다. 준비해라.」

그는 혼자 중얼거리더니 커다란 가방을 안고 건물 쪽으로 걸어갔다.

GM	그리하여 클라이맥스. GOC의 습격이 시작됩니다.
밀리아	흠.
마리	지지 않겠어! 세계 오컬트 연합에게도, 재단에게도!
타마라	곤란한걸.
밀리아	난전 확정이네.
타마라	게다가 3층은 조사 안 했지……. 이거 나중에 혼나겠는데.
마리	**옥상을 통해 도망치는 방법** 없을까?
GM	좀 힘들겠네요.
밀리아	으음, 록은 어떻게 나타나?
GM	우선 현재 상황을 정리합시다.
마리	응.
GM	건물 옥상 앞의 층계참에 마리, 3층에 타마라, 1층 앞 길거리에 밀리아와 로보가 있습니다.

옥상을 통해 도망치는 방법
이럴 때 행거가 있고, 감전되지 않는 체질이라면 그대로 전선을 쉬익 타고 탈출했을 텐데! 쉬익!

타마라	과연. 아래와 위로 나눠서 싸우는 건가?
GM	그게……. 우선 로보가 탄 미니밴에 태연하게 접근한 록이 가방에서 소음기가 달린 기관단총을 꺼내더니, 아무렇지도 않게 로보를 벌집으로 만들어버립니다.
마리	어어?
GM	운전석 창 너머로 말이지요, 길에 유리와 피가 튑니다. 여기까지 회화 없음.
마리	뭐야, 이거? 스텔스 만렙이라도 돼?
타마라	밀리아, 넌 뭐 하고 있어?
밀리아	딱히 아무것도.
GM	밀리아는 가만히 보고 있을 뿐입니다.
타마라	뭐지? 정보재해?
GM	록은 같은 총을 밀리아에게도 한 자루 줍니다. 무기를 2개 추가하세요.
밀리아	「아, 고마워.」
GM(록)	「상황은?」
밀리아	「위에 적 요원이 두 명. 무장은 없어. 객체는 여기에 둘, 위에 또 하나 있어……. 보면 옥상에서 뛰어내리게 하는 포스터니까 다른 방법이 없다면 보기 전에 파괴해.」

너어어!!
「남을 손가락질하지 맙시다.」라는 자막이 나올 것만 같은 거친 목소리였다.

타마라	어, 어어?
밀리아	「마지막 하나까지 손에 넣었다면 이대로 도망치기만 해도 됐을 텐데. 미안.」
타마라	너……. **너어어!!**
마리	배신자였냐아아!!
밀리아	아니, 그건 【비밀】이거든?
타마라	이미 비밀이고 뭐고 없잖아!
GM	뭐, 그렇지요.
밀리아	록 씨한테 확인할게. 「기억이 지워지는 바람에 잘 기억이 안 나는데……. 이러는 게 맞지?」
GM	「난 네가 불러서 왔다.」라고 그가 말합니다.
밀리아	그건……. 대뜸 발견했을 때 쇼크를 받은 것도 이해가 되네.
타마라	숨는 데 서툰 거겠지.
마리	아, 젠장. 전부 쓰러뜨리고 도망쳐 줄 테다!
타마라	……. 어라?
GM	왜요?
타마라	인류와 재단을 위해 일하는 건 이제 나 혼자?
GM	그러네요.

타마라	엄마, 아빠. 타마라는 시카고에서 열심히 노력하고 있어요.
밀리아	**또 피자를 먹을 수 있다면 좋겠네.**
마리	다 죽여버리겠어!
타마라	일이 어쩌다가 이렇게 된 걸까…….
GM	계단 입구에서 총을 들고 나란히 선 밀리아와 록이 일순간 **멋들어진 표정**을 짓더니 올라갑니다. 플롯해주세요.
밀리아	철컥.

또 피자를 먹을 수 있다면 좋겠네
진영을 초월한 우정을 주장하는 커뮤니케이션 수법.

멋들어진 표정
빈틈없는 얼짱 각도.

제1라운드의 플롯은 아래와 같다.

타마라	3
마리	6
밀리아	2
록	6

GM	순식간에 간격이 좁혀지며 3층 계단 부근에서 버팅입니다. 록과 마리에게 1점씩 대미지.

쓰레기통을 집어 던지고
왕년의 액션 게임에서나 나올 법한 공격 수단.

통나무 같은 팔
흡혈귀도 가볍게 쓰러뜨린다. 강하다.

마리	**쓰레기통을 집어 던지고**…….
GM	그걸 총으로 마주 쏘겠군요.
타마라	한가운데에 있는 난 말이지! 죽을 맛이라고!
GM	그럼 누가 먼저인지 정합니다.
마리	(주사위 굴림) 4!
GM	(주사위 굴림) 5로 이쪽이 선공. 마리에게 어빌리티 【객체 탈취】를 사용합니다.
마리	뭐야, 그거!
밀리아	믿음직하다!
GM	판정은 《추적》으로 목표치 5. 행동 순서의 차이만큼 마이너스 수정이 적용되지만, 똑같지요! 감사합니다! (주사위 굴림)
마리	빼앗겼다!
GM	**통나무 같은 팔**로 낚아챕니다.
마리	내 역전의 한 수가!
타마라	우히이!
마리	「그건 내 거야! 이리 내!」

마리의 【기본공격】은 성공했지만, 록이 회피했다.

타마라	다음은 나지? ……. 아앗!!
GM	왜요?

타마라 전투부대 부를 걸 그랬어어!!

밀리아 진작에 불렀어야지.

마리 뭐, 결과적으로는 올라잇.

타마라 지금 부르면 제때 올까?

GM 아니, 못 와요. 메인 페이즈 중에 불러뒀어야 합니다.

타마라 그렇겠지. 제길! 밧줄로 록의 목을 졸라!

록은 타마라의 【기본공격】도 피해버렸다. 순수하게 GM이 주사위를 잘 굴린 결과다.

GM 이얍.

타마라 이 자식……!

GM(록) 「너는 훈련을 받지 않았지. 이미 전부 알고 있다.」

타마라 「나는……. 나는 말이야! 인류를 위해 노력하고 있다고!」

밀리아 「그건 우리도 마찬가지라서.」

마리 객체를 내놔라아!

타마라 여기 대체 뭐야? **지옥인가!?**

지옥인가
임무에 실패한 요원에게 재도전할 기회를 주려는 뿔 달린 해골이 즐겁다는 듯이 세 사람을 지켜보고 있을…… 까?

GM 밀리아가 행동할 차례입니다.

밀리아 미안하니까 마리 말고 타마를 쏠게. 이것도 인류를 위해서야.

밀리아의 【기본공격】은 성공. 회피판정은 실패했으므로 3점의 대미지를 입힌다.

GM 다리에 총알을 맞았습니다.

타마라 「크으윽.」

밀리아 「다 끝났어. 우리의 승리야.」

GM 록은 그쪽의 두 사람이 탈락하겠다고 해도 막지 않습니다만?

밀리아 객체는 이미 전부 손에 넣었거든.

타마라 어쩔 작정이야?

GM 내버려둬도 재단에게 처분될 마리는 무시하고, 전과로 타마라의 【거처】를 획득할 예정입니다. 인질로 삼겠다는 거죠.

타마라 완! 전! 싫! 어!

마리 애초에 내 객체를 가지고 도망치겠다니, 난 그 꼴 못 봐!

GM 그렇군요. 그럼 제2라운드입니다. 행동 순서 6은……. (주사위 굴림) 2.

마리 (주사위 굴림) 6! 성공이다!

하지만 록은 마리의 【기본공격】을 피했다.

그리고 마리도 록의 반격인 【기본공격】을 스페셜로 회피. 【이성치】를 1점 회복한다.

전투는 교착의 양상을 보였다.

타마라 우선 GOC부터 처리해야 하는데…….

마리 저 녀석들이 더 강하니까.

타마라 록에게 【기본공격】. (주사위 굴림) 히트.

GM 회피판정……. (주사위 굴림) 실패입니다.

타마라 (주사위 굴림) 2 대미지.

GM 아직 안 쓰러졌어요.

밀리아 **좁은 계단에서 서로 때리고 쏘고**…….

GM 이쯤에서 단념하면 서로 편할 텐데 말이지요.

밀리아 타마를 쏠게.

밀리아의 【기본공격】은 성공. 회피판정은 실패였으므로 1점의 대미지를 입힌다.

타마라 아직 살았어!

밀리아 이제 그만 도망치시지?

GM 뭐, 다음 공격으로 죽습니다. 제3라운드, 갈까요.

마리 (주사위 굴림) 아아, 1이다.

GM (주사위 굴림) 선공입니다. 갑니다.

록은 마리의 목을 붙잡아 그대로 벽에 쳐박았다. 그리고 **총을 해머처럼 휘둘러** 두개골을 부쉈다.

좁은 계단에서 서로 때리고 쏘고
액션 영화로 치면 훑는 듯한 카메라 워크로 천천히 묘사되는 장면.

총을 해머처럼 휘둘러
규칙 없는 잔혹한 인파이트! 냉철한 적 NPC라면 가능한 한 상대를 담담하게 죽이는 것이 더 어울린다.

GM	대미지 6점.
마리	으아……. 죽었네.
밀리아	미안해~
타마라	이런…….
GM	마리의 시체를 바닥에 내팽개치고, 록이 타마라 쪽을 봅니다.
타마라	응?
GM	아, 그쪽이 공격할 차례인데요.
타마라	아니, 그게 아니라. 으응?
밀리아	【광기】?
타마라	응. 이게 발동하네.

Handout

광기	상층부의 부패
트리거	PC 중 누군가가 사망한다.

당신은 재단의 이사관이 타락하여 모종의 이익을 위해 당신을 죽이려 한다고 믿게 된다. 이 【광기】가 현재화하고 있는 동안 당신은 재단 직원의 지시나 명령을 따를 수 없으며, 당신의 【사명】은 「재단에게서 도망친다」로 변경된다.

이 광기를
스스로 밝힐 수는 없다.

마리 푸하하하하!

타마라 더는 못 해먹겠다!

GM 보통은 리더가 포박 명령을 내릴 만한 사태지만, **내릴 사람도 받을 사람도 없습니다**…….

내릴 사람도 받을 사람도 없습니다……
이미 우리 편은 없어!

타마라 우선 록을 공격!

【기본공격】의 명중판정은 스페셜.

타마라 여기에서 스페셜이 나오냐!

밀리아 어엇!?

GM (주사위 굴림) ……회피판정, 실패입니다.

타마라 대미지는 2D6점이지?

대미지는 9점이었다. 타마라의 몸통 박치기에 록은 균형을 잃고 층계참의 창으로 떨어졌다. **둔탁한 소리**가 울렸다.

둔탁한 소리
창에서 떨어지고, 잠시 후. 떨어지는 사이의 짧은 시간을 느낄 수 있어서 묘한 현실미가 있다.

GM 유감이네요. 죽었습니다.

밀리아 읏?

타마라 유리 파편을 흩뿌리며 뒤를 돌아보고…….

밀리아 히익…….

타마라 「나도 말이야.」

밀리아 「뭐, 뭐가?」

타마라	「이런 일 더 할 생각 없어. 도망칠 테니까 그쪽도 도망쳐주지 않을래?」
밀리아	「어어…….」 손에 든 총을 보고, 타마를 보고…….
타마라	「가지고 있는 객체는 그대로 가져가도 돼.」
밀리아	아, 그렇다면야.
GM	그렇다면야!?
밀리아	질 가능성도 있고……. 그러느니 객체를 가지고 돌아가는 게 낫지.
타마라	옳소, 옳소.
밀리아	그럼 탈락.
타마라	안 막아.
마리	우오! 나를 죽여놓고는!
밀리아	내가 죽인 게 아니긴 한데. 미안해.

밀리아는 타마라에게 총을 겨눈 채 뒷걸음질을 쳐서 아래층으로 사라졌다.

타마라는 머리를 감싸 쥐며 웅크리고 앉는다.

GM	류 이사관이 「보고해라」라고 통신을…….
타마라	이제 와서 뭐 어쩌라고. 인터컴을 벗어서 **밟아 부숴**.
마리	승자는 타마가 됐네.
타마라	이제 재단에 돌아갈 생각은 없어. 그

밟아 부숴
굳이 부술 필요는 없지만, 인터컴을 거칠게 벗어 부수는 액션은 다들 한 번쯤은 해보고 싶었을 것이다.

	이사관, 처음부터 날 죽일 생각이었던 거야. 이런 임무를 떠넘겨서…….
밀리아	GOC에 들어올래? 즐거워.
타마라	그것도 싫은데.
GM	아, 참. 전과를 고를 수 있는데요?
타마라	도망 생활에 도움이 될 만한 것이 좋겠어. SCP 객체도 선택할 수 있지?
GM	네.
타마라	그럼 옥상에서 뛰어내리게 하는 거.
밀리아	어!?
타마라	이건 내가 받아갈게.
밀리아	우에에엥~
GM	알겠습니다. 잠시 후에 아래로 내려가니 록의 시체에 SCP 객체가 남아 있었습니다. 밀리아가 도망칠 때 **창황**해서 깜빡했겠지요.
타마라	그리하여 나는 객체를 가지고 어딘가로 가버린 것이었다!
GM	경찰차의 사이렌 소리가 점점 커집니다. 이제부터 엔딩입니다.

창황
어딘가의 황제를 나타내는 말이 아니다. 惝怳라고 쓰며, 「당황하다」와 같은 뜻.

inSANe SCP Secure. Contain. Protect

엔딩

GM 아아……. 아무도 재단에 남지 않는 결말이 되어버렸네요.

마리 죽었고.

타마라 도망쳤고.

밀리아 애초에 다른 조직.

GM 제출한 리포트는 이사관이 가지고 있지만, 임무는 실패했습니다. 객체도 전부 가지고 도망쳐버렸다지요.

타마라 그러게 왜 나를 죽이려고 해서…….

마리 그건 네 망상이잖아.

GM 마지막으로 임무에 대한 평가를 내리고 【진척】으로 공적점을 정하는 규칙도 있긴 한데, 결과가 이 모양이니 못 쓰겠네요. 하긴 **규칙 파트에 실어두면 되지만**…….

규칙 파트에 실어두면 되지만
「리플레이에 실리지 않은 규칙은 이후의 세션에서 자주 잊혀진다」라는 정설이 있다고 들었습니다만, 부디 꼼꼼히 읽고 이용해 주시기 바랍니다…….

마리 그래서 결국 너희 【비밀】은 뭐였어?

밀리아 나는 이런 내용.

핸드아웃: 밀리아
【비밀】: 당신은 「세계 오컬트 연합」에 소속된 스파이다. 당신의 【진정한 사명】은 제3사이클이 끝날 때 돌입하는 동료와 함께 SCP 객체를 강탈하는 것이다.

밀리아 **전부라고는 안 쓰여 있지?**

전부라고는 안 쓰여 있지
보수를 슬쩍하려는 모험자 같은 표정이었다.

마리 애초에 전부 몇 개인지 알 수 없고…….

GM 그렇지요.

타마라 나는 말이지, 꽤 전부터 정보재해에 노출됐어.

밀리아 ……. 스웨터?

타마라 맞아.

마리 역시 그랬나!

타마라는 핸드아웃을 슬립에서 꺼내고, 이어서 그 아래에 있던 두 번째 핸드아웃을 꺼냈다.
앞면에는 정보재해라고 적혀 있었다.

핸드아웃: 타마라
【비밀】: 당신은 이 핸드아웃 아래에 들어있는 정보재해의 영향을 받고 있다. 옆방에서 GM에게 설명을 듣는다.

타마라 뒷면은 다른 정보재해랑 비슷한 느낌인데, 내용은 「어글리 스웨터는 쿨하다」였어.

밀리아 그럼…… 크리스마스의 어글리 스웨터 유행은 **타마가 시발점이었던 거야?**

GM 네.

밀리아 그렇구나.

타마라 즉, 우리 집에 객체가 있단 말이지. 나는 그대로 도망쳤을 테니 그것만큼은 재단이 확보했을 거야.

타마가 시발점이었던 거야?
서양권 패스트 패션의 전개 과정을 떠올리며 생각해보면 상당히 장대한 이야기가 된다.

마리 도중에 밀리아가 스파이라는 것을 들키고, 우리도 재단에 정나미가 떨어지지 않았다면……. 회수할 수 있는 객체가 하나 늘었을 거란 말이네.

밀리아 안 들켰을걸? 제법 감쪽같은 연기였지?

타마라 회수한 객체를 자기가 관리한 것도 다 노린 거였구나 싶더라.

밀리아 후후후.

타마라 【진척】을 좀 더 잘 활용했다면 결과가 달랐을 수도 있었는데.

해피엔드는 어렵구나
원래 그런 법이다. 캐릭터끼리는 다투면서도 플레이어끼리는 싱글벙글, 또는 히죽히죽. 이것이 이런 종류의 게임을 즐기는 포인트이리라.

마리 호러든 스파이물이든 **해피엔드는 어렵구나**.

밀리아 마지막에 갑자기 배신해서 서로 죽이기 시작했을 때는 스파이다워서 좋았어.

GM 으음, 그럼 엔딩입니다만…….

1 엎친 데 덮친 격

밀리아 나, GOC의 동료와 접촉할 수 있을까?

GM 네. 지정된 퇴각 지점에서 동료와 합류할 수 있습니다.

밀리아 객체 2개와 리포트의 복사본을 넘기자.

GM(GOC 직원) 「수고했다. 보수와 새로운 신원이 마련될 거다.」

밀리아 2개를 넘기고……. 일단 보고할까. 「하나를 두고 와버렸습니다.」

GM 「록 집행관이 목숨을 잃을 정도의 상황이었잖나. 그 상황에서 무리를 한들 죽을 뿐이다. 자네의 판단은 옳았어.」 라고 말합니다.

밀리아 「네.」

마리 **굿 엔드**라니……. 귀신이 되어 나타나 주겠어어어!

GM 아마 이 2개의 객체는 파괴되겠지요. 테러 정도밖에 써먹을 곳이 없고, 사용하기 쉬운 것도 아니니.

밀리아 그렇겠지.

타마라 고문에라도 쓰면…….

GM 아니, 영향을 받은 사람은 **고문이라고 생각해주지 않으니까**요.

마리 GOC는 테러 안 해?

GM 일단 인류를 위한 비밀조직이에요.

밀리아 맞아!

GM 단, SCP 재단과는 적대 관계이므로 류가 있는 격리 기지와 조르쥬가 갇혀 있던 격리 기지에는 습격을 가했습니다. 「성공했다는 보고가 왔다. 지금부터 그쪽도 확인하러 간다. 타라.」랍니다.

굿 엔드
모든 객체를 모으고 특정한 조건을 충족했다면 트루 엔드. 세 사람이 다시 함께 피자를 먹을 수 있는 엔딩에는…… 어떤 이름이 붙을까?

고문이라고 생각해주지 않으니까
상당히 상쾌한 기분으로 죽는다.

타마라	이사관도 죽은 건가.
밀리아	차에 타고……. 이사관이 있던 곳은 어떤 곳인데?
GM	시카고 교외의 주택입니다. 도착해보니 성대하게 타오르고 있고, 무장한 GOC 요원이 주위에 숨어 있네요. 차를 발견하면 다가옵니다.
밀리아	우와, 활활 잘도 탄다. 일단 내려서 볼 건데, 어때?
마리	이건 가망이 없겠네.
타마라	이거 어떻게 보도될까?
GM	격리 기지의 존재를 드러낼 수야 없으니 커버 스토리의 유포는 재단 쪽에서 하겠지요. 가스 폭발이나…….
타마라	**엎친 데 덮친 격**이네.
GM	「요긴한 정보였어. 염탐 임무, 수고했다!」 습격 담당이 기분 좋게 말하며 자기들의 밴에 타고 떠납니다.
밀리아	시카고에서 맡은 임무는 이제 정말로 끝났구나.
GM	네.
밀리아	우선 보수를 받아야지. 얼굴도 바꾸고, 신원도…….
GM	그거 말인데요. 차에 돌아가면 피자를 한 조각 줍니다.

엎친 데 덮친 격
정말 그렇습니다.

밀리아 응?

GM(GOC 직원) 「한턱내마. 배고프지?」

밀리아 피자를 대접받으면…….

마리 믿고 먹을 것!

타마라 과거의 자신이 보낸 메시지야.

밀리아 먹으면 어떻게 돼?

GM 당신이 생각하는 것처럼 돼요.

밀리아 으.

GM 받으세요.

밀리아 ……우물.

2. 자신을 쏘면 방탄력이 올라간다

GM 네, 그럼 이제 타마라의 엔딩입니다.

타마라 보나마나 도망 생활이겠지.

GM 그렇게 되네요. 잡히면 무슨 짓을 당할지 모를테고.

타마라 이 **보면 투신자살하는 포스터**가 내 마지막 무기야.

보면 투신자살하는 포스터 믿을 수 없을 정도로 많은 요원이 지면의 얼룩이 된 듯.

GM 바꿔 말하면 그걸 가지고 있는 한 계속 쫓깁니다만.

마리 끝장이다…….

밀리아 결국 다들 끝장났네.

마리 그쪽은 애매모호하게 끝났잖아?

밀리아	뭐, 그래도 말이지.
타마라	그리고 말이지, 나 어글리 스웨터는 계속 권하고 다녀야 하잖아? 요컨대 어글리 스웨터의 유포 경로를 쫓다 보면 나를 찾을 수 있다는 거잖아?
GM	그러고 보니 그렇겠네요.
타마라	이제 완전히 **정체불명의 어글리 스웨터 행상인**이네.
GM	금세 궁지에 몰릴 것 같군요.
밀리아	우리 조직도 쫓고 있을 테고.
GM	그럼 몇 년 후 내지 몇 개월 후에……. 어딘가 거리에서 궁지에 몰렸다고 할까요?
타마라	좋아.
GM	타마라는 반드시 높은 건물에 숨을 듯하니……. 그런 곳입니다.
타마라	버려진 빌딩쯤 되나?
GM	재단의 기동부대원들이 건물을 둘러싸더니 돌입합니다. 「표적은 인식재해를 일으키는 객체를 소지하고 있다. 직접 시각을 통해 인식했을 때만 영향을 받는다고는 하나 방심하지는 마. 무슨 일이 있어도 고글 모니터를 벗지 마라!」
마리	대책을 세우고 왔는데?

정체불명의 어글리 스웨터 행상인
뜨고, 팔고, 뜨고, 팔고. 스웨터 뜨기를 너무나도 좋아하는 할머니가 여럿 말려들면서 서양은 어글리 스웨터의 열병에 휩싸였다. 바다는 녹색이 되고 땅은 새빨갛게 물들어 모든 인간이 스웨터의 포로가 된 것처럼 보였다. 하지만 재단은 포기하지 않았다!

GM	타마라도 잠복 장소를 미러 하우스처럼 만들어 대항하고자 했지만, 여기에는 속수무책이라서요.
타마라	이걸로 끝인가…….
GM	그런데 궁지에 몰린 끝에 처분 조치 직전인 상황에서 고글 모니터를 쓴 기동부대원이 일제히 자기 머리를 쏴서 자살합니다.
타마라	……. 어째서?
GM	타마라 쪽으로 날아온 고글의 뒷면이 거울에 비쳐서 내용을 읽을 수 있습니다.

「자신을 쏘면 방탄력이 올라간다」

타마라	**해킹?**
마리	아니, 이런 건 보통 인터넷과 연결하진 않을 텐데.
밀리아	누가? 왜?
GM	무심코 둘러보니 시야에 의견광고가 들어옵니다. 「걱정할 필요 없어.」
타마라	「걱정할 필요 없어…….」
GM	다른 벽에는 「우리를 믿어.」라는 광고가 나타났습니다. 보기 직전까지는 없던 광고입니다.

자신을 쏘면 방탄력이 올라간다
이 리플레이는 「SCP-2076」에 등장하는 객체의 과거 출현 사례를 다룬 이야기(tale)다. 크레디트 표기는 권말에서.

해킹
「라이프핵」이란 설마……!

타마라 「……. 믿어.」

GM 마지막 광고는 타마라의 발치에 출현합니다.

「문을 열고 새로운 자신과 만납시다.」

타마라 ……그럼, 가자.

inSANe

세계 설정 파트

「SCP 개요」

Technical Words

 SCP 세계

SCP는 이 책에서 새로 공개하는 『인세인』 월드 세팅입니다. 초자연적인 물품, 초자연적인 존재를 격리해서 사람들로부터 은폐하는 비밀조직 「재단」의 연구자 또는 직원이 되어, 목숨 걸고 위험한 괴사건에 맞서는 탄탄하면서도 하드코어한 설정의 호러를 맛볼 수 있습니다.

이 설정에는 원작이 있습니다. 『SCP 재단』이라는 이름의 이 원작은 만화도, 소설도, 영화도 아닙니다. 『SCP 재단』이란 괴담에 관심이 있는 사람들이 쓴 창작 괴담을 웹상에 모아 만든 결과물입니다.

● 재단 Foundation

Secure (확보)
Contain (격리)
Protect (보호)

이 세 단어를 표어로 내건 세계 규모의 비밀조직이 있습니다. 무수한 직원을 두고, 막대한 자금으로 운영되는 이 조직은 자신들을 그냥 「재단」이라고 칭합니다. 그들의 목적은 인류에게 위험을 끼칠 수 있는 이상 존재(異常存在)에 대처하는 것. 그것을 위한 방침이 앞에 언급한 「확보, 격리, 보호」입니다.

지극히 알기 쉽게 말하자면 재단 직원의 역할은 괴이를 상대로 하는 고스트 헌트, 몬스터 헌트라고 할 수 있습니다. 하지만 목표는 퇴치나 파괴가 아닙니다. 괴이를 상대로 「안전을 확보하고, 적절한 시설에 격리해서, 그 영향으로부터 인류를 보호하는 것」이 대전제입니다.

물론 괴이의 성질을 연구해서 어떤 지식을 얻겠다는 의도도 있기는 하지만, 이런 전제를 세운 가장 큰 이유는 괴이가 미지의 존재인 만큼 함부로 파괴했다가 무슨 일이 벌어질지 모른다는 점에 있습니다. 안전하게 격리할 수 없거나, 격리하기에는 지나치게 위험할 때만 파괴라는 선택지를 취할 수 있는데, 개중에는 무슨 짓을 해도 파괴할 수 없는 괴이도 있습니다.

이런 괴이…… 즉, 이상 존재를 「SCP」라고 부릅니다.

● SCP

이를테면 한없이 물이 솟아나는 수통, 얼굴을 본 사람을 끝까지 쫓아가서 죽이는 인간형 생물, 체내가 여객기 같은 구조여서 안에 탄 사람을 데리고 어디론가 사라지는 거대한 새, 엿보면 정체 모를 「고양이」가 따라다니게 된다는 폐가……. 「인지를 초월한 존재」라는 점을 제외하면 SCP 사이에는 공통점이 거의 없습니다.

격리한 SCP가 재단의 제어를 벗어난 경우(이것을 「격리 위반」이라고 합니다), SCP마다 정해진 절차에 따라 안전한 격리를 유지 및 재확립해야 합니다. 이 절차를 특수 격리 절차(Special Containment Procedures)라고 부르며, SCP란 본래 이 말의 머리글자입니다.

SCP는 「SCP-〔번호〕」의 형식으로 호칭합니다.

● 객체 등급 Object Classes

SCP에는 위험도나 연구 우선도에 따라 객체 등급이 할당됩니다. 모든 SCP는 이 분류에 따라 재단이 소유한 보안 시설에 격리되며, 이송할 수 없다고 판단한 경우에는 현지에서 격리합니다.

주요 객체 등급은 아래의 셋입니다.

• 안전(Safe)

안전 등급의 객체는 완벽하게 격리되어 있거나, 고의로 활성화하지 않는 한 이상한 영향력을 발휘하지 않는 객체입니다.

• 유클리드(Euclid)

유클리드 등급 객체는 성질이 충분히 해명되지 않았거나, 본질적으로 예측할 수 없는 객체입니다. 재단이 격리해서 관리하는 이상 존재 대부분은 성질이 충분히 해명되거나 다시 분류해야 할 정도의 위험성을 보이기 전까지는 일단 유클리드로 분류합니다.

• 케테르(Keter)

케테르 등급의 객체는 재단의 직원이나 인류 모두에게 해로운 영향을 끼치는 존재입니다. 격리하기 위해 복잡한 절차가 필요하거나, 현재 재단이 지닌 기술과 지식으로는 안전한 격리가 불가능한 것이 여기에 해당합니다. 매우 위험한 존재입니다.

● 정보재해 Infohazard

「안다」는 것만으로도 위험을 초래하는 SCP를 가리킵니다. 비슷한 개념으로 인식재해가 있습니다. 인식재해는 SCP와 직접 접촉해야만 발생하는 반면, 정보재해는 단순히 그것에 관해 누군가와 이야기하기만 해도 확산됩니다.

● 기억 소거 Amnestic

재단에는 기밀을 지키고 정보재해의 감염을 막기 위한 몇 가지 기억 소거 수단이 있습니다. 대상의 기억을 조작하는 이러한 수단은 얼마나 긴 시간의 기억을 지우느냐에 따라 A~F까지의 등급으로 분류됩니다. 가장 짧은 A등급은 분무식 가스로 과거 몇 시간의 기억을 지울 뿐이지만, F등급이라면 기억을 완전히 소거할 뿐만 아니라 대상의 자기 동일성조차 리셋해버립니다.

재단 직원

재단은 거대한 조직이며, 매우 많은 직원이 일하고 있습니다. 현재 격리한 모든 SCP의 확보 과정에는 다양한 역할과 보직을 맡은 여러 직원이 기여했으며, 그들은 객체의 안전을 유지하고자 각각 다른 전문 영역에서 이바지하고 있습니다.

『인세인 SCP』의 플레이어 캐릭터는 대개 아래의 현장 요원, 연구원, D계급 직원 중 하나가 되어 재단의 임무에 임할 것입니다.

● 현장 요원 Field Agent

주로 재단 시설 외부에서 활동하는 직원입니다.

현장 요원은 재단의 눈과 귀이며, 이상 활동의 징조를 찾아내어 조사하고, 때로는 지역의 법 집행 기관과 함께 비밀 활동을 하거나, 구급 단체나 행정조직 같은 지방 기관에 잠복합니다.

현장 요원에는 몇 가지 유형이 있는데, 첫 번째 유형은 첩보와 잠복을 담당하는 요원입니다. 경찰서, 병원 등에서 일하며 사건을 감시하고, 의심스러운 모든 것을 상사에게 보고합니다. 이런 직장은 기이한 활동이 잦은 곳이므로 SCP의 활동을 재빨리 알아차릴 수 있습니다.

두 번째 유형은 조사원이나 탐정입니다. 정장이나 작업복처럼 눈에 띄지 않는 복장을 입고, 기묘한 사건이 발생했다고 의심되는 장소를 조사하고 다니며, 재단이 개입할 필요가 있는지를 판단하는 역할입니다.

이런 요원은 무장을 하지 않을 때도 많으며, 심각한 이상 활동을 제어할 장비는 가지고 있지 않습니다. 기본적인 무기를 휴대할 수야 있지만, 현장 요원은 병사가 아닙니다.

그들의 주된 역할은 이상을 알아차리고 재빨리 구원을 요청하는 것입니다. 뭔가 기묘한 사태가 발생해서 고립되었다면, 현장 요원은 가까운 격리반에 구원을 요청합니다.

● 연구원 Researcher

주로 재단 시설 내부에서 활동하는 직원으로, 전 세계에서 특출나게 똑똑한 이들을 뽑아 훈련시킨 연구자입니다. 약학이나 심리학을 시작으로 이론물리학이나 우주생물학처럼 비밀스럽고 전문화된 분야에 이르기까지, 여러분이 상상할 수 있는 모든 분야의 과학자가 정체를 설명할 수 없는 괴이를 이해하기 위해, 그리고 어떻게 다뤄야 할지 알아내기 위해 매일 다양한 실험을 하면서 SCP가 일으키는 이상 현상의 원리를 해명하고자 노력합니다.

연구원에도 몇 가지 계급이 있습니다.

상급 연구원은 수십 년간 경험을 쌓은 고위 연구원으로, 보통 팀 전체를 지도하는 입장입니다. 상급 연구원은 1개 이상의 SCP 객체에 관한 연구와 시험을 총괄하는 역할을 맡으며, 그 숫자는 적습니다. 또, 서로의 정보나 타인의 연구분야에 관해서는 잘 모릅니다.

일반 연구원은 10년 가까이 경험을 쌓은 베테랑으로, 특정 SCP 객체의 연구에서 특정 분야를 담당합니다. 예컨대 한없이 물이 나오는 수통인 SCP-109라면 내부의 어디에서 물이 나오는지 해명하는 일을 담당하는 연구원이나, 그것이 무엇으로 이루어져있으며 구성물 중 이상한 물질이 없는지를 확인하는 연구원이 있을 수도 있습니다. 그 밖에도 SCP-109가 얼마나 많은 물을 방출할 수 있을지 검증하려는 연구원도 있을지 모릅니다.

연구원 보좌는 신임 연구원이나 하위 연구원들입니다. 신중한 판단을 할 만큼 충분한 경험을 쌓지 못했으므로 단독 연구 활동을 할 수 없습니다. 더 높은 연구원에게 연구의 요령을 배우거나 지시를 받으며 팀의 일원으로서 일합니다.

연구원과 밀접한 관계에 있는 전문직으로 격리 전문가라는 직종이 있습니다. SCP 격리의 전문가인 그들은 이상 개체의 활동을 확인하고 안전을 확보하여 재단의 인근 격리 시설에 이송하는 역할을 맡습니다. 시설 내의 격리 시설이나 격리 계획 고안, 정교화, 유지 등에도 중요한 역할을 합니다.

● D계급 직원 Class D Personnel

D계급 직원은 특히 위험한 괴이를 대상으로 진행하는 실험이나 제어에 투입되는 직원입니다. 소모품으로 간주되며 상위 직원인 A계급, B계급과의 접촉은 허가되지 않습니다. D는 Disposable(소모품)을 의미하는 것으로 보입니다.

D계급은 기본적으로 폭력 범죄를 일으킨 전 세계의 수감자, 특히 사형수 중에서 차출합니다. 그 밖에도 재단이 정치범이나 난민, 기타 민간단체에서 D계급의 신병을 확보하는 「프로토콜 12」가 시행된 적도 있지만, 어디까지나 여의치 않을 때의 예외적인 조치입니다.

D계급 직원은 표준적인 심리감정을 의무화하고 있으며, 매달 말에 시설의 보안 책임자나 의료 담당자의 판단에 따라 B등급 기억 소거나 「해고」를 실시합니다. 시설에서 파멸적인 사건이 발생했을 때, D계급 직원은 시설의 보안 책임자가 필요하다고 판단한 경우가 아니라면 곧바로 「해고」됩니다.

소모품으로 쓰이는 D계급 직원의 존재는 재단의 활동 중에서도 가장 어두운 부분이라고 할 수 있습니다. 그들을 기다리는 잔혹한 운명으로부터 주의를 돌리기 위해 (혹은 애써 외면하기 위해) 서로 모순되는 몇 가지 설이 생겼습니다.

가장 오래된 소문으로 D계급 직원이 매월 말에 살해당한다는 설이 있습니다. 하지만 재단이 격리한 대부분의 SCP 관리 작업 중에는 많은 D계급 직원이 어떤 형태로든 종사하고 있습니다. 재단이 사역하는 D계급 직원 모두가 매달 살해된다고 보기는 어렵습니다. 아무리 전 세계의 사형수 중에서 인재를 긁어모은다고 해도 이런 식으로 인명을 낭비할 수는 없습니다.

다달이 실시하는 「해고」 또한 연구원과 D계급 사이에 어떠한 감정이나 결속이 생기는 사례를 줄이기 위한 거짓 정보라는 설도 있습니다. D계급 직원은 매달 말에 단순히 기억을 말소당한 채 다른 장소로 이송된다는 것입니다. 여기에서 한 발 더 나아간 가설로는, 기억 소거가 정기적으로 이루어지며 D계급은 업무를 할 수 없을 정도로 건강을 해쳤을 때만(또는 괴현상에 오염됐을 때만) 살해당한다는 설이 있습니다.

클론 기술이나 초자연적인 수단으로 D계급의 인구를 유지한다는 독특한 설명을 믿는 사람도 있습니다.

어느 설, 어느 사용법을 선택할지는 게임 마스터와 플레이어가 상의해서 정합니다.

사형수가 아닌 사람들을 대상으로 D계급 직원을 차출하는 프로토콜 12는 거의 시행되지 않습니다. 재단은 인류의 보호를 위해 종종 극단적인 수단을 사용하는 조직이며 종종 아슬아슬한 일선을 넘기도 하지만, 함부로 인명을 낭비하지는 않습니다. 특히 죄 없는 사람의 목숨은 더욱 그렇습니다.

● 그 밖의 직원 Other Personnel

재단에는 트러블에 대응하기 위한 직원도 근무합니다.

보안 담당관(가드)은 경비원이나 경찰관 같은 역할입니다. 사고 처리나 정보 보안, 일상적인 트러블에 대한 대처를 담당합니다. 무기를 다룰 수 있으며 훈련도 받았지만, 정말로 심각한 상황에는 대처할 수 없습니다. 적의를 품은 SCP의 탈주나 외적의 공격에는 무력합니다. 위기 상황에서 시설의 보안 담당관이 맡는 일은 지원을 요청하거나 비전투원의 피난을 돕는 것입니다.

전술반(또는 대응반)은 SWAT와 유사한 무장 전투부대입니다. 그들은 세련된 보디 아머나 무기, 심각한 상황에 대처하기 위한 도구를 가지고 있습니다. 본격적인 SCP와의 전투에 투입됩니다.

기동특무부대는 매우 특수하거나 위험한 상황에 대처하기 위해 출동하는 고도의 전문가입니다.

보안 담당관이 경찰, 대응반이 SWAT라면 기동특무부대, 특히 직접적인 전투에 특화한 전투부대는 실즈나 델타 포스 같은 특수작전부대입니다.

그 밖에도 사무원, 물류 담당, 기술자, 의사, 운반 작업 담당자, 운전사 등 대규모 조직에 빼놓을 수 없는 종류의 직원도 잔뜩 있습니다. 재단은 세계 규모의 거대 조직이며, 어떤 직업이 있더라도 이상하지 않습니다.

재단의 구조

재단은 시설이나 프로젝트마다 셀 단위 조직 체계를 이루고 있습니다. 같은 건물에 있더라도 프로젝트가 다르면 옆방에서 뭘 하는지 모르는 일조차 매우 흔합니다.

이런 비밀주의는 정보재해가 발생했을 때, 2차 감염의 영향을 최대한 막으려는 조치이기도 합니다.

시설 안팎에서 일하는 직원은 기지 이사관이 관리합니다. 그 위에는 재단 전체를 관리하는 O5 평의회가 있습니다.

● 기지 이사관 Site Director

재단이 보유한 각종 시설은 「기지」라고 부르며, 그곳에서 SCP 객체의 격리와 연구가 이루어집니다. 주요 재단 시설의 기지 이사관은 해당 시설과 장소에서 가장 지위가 높은 직원이며, 기지의 안전 작업과 격리한 이상 존재 및 프로젝트를 책임집니다. 시설의 주요 부문 관리자는 기지 이사관에게 직접 보고를 하며, 기지 이사관은 O5 평의회에 보고합니다.

● O5 평의회원 O5 Council Member

O5 평의회는 재단 최고위의 13명(O5-1에서 O5-13)으로 구성됩니다. O5 평의회원은 어떤 이상 존재와도 직접 접촉할 수 없습니다. 또, 각 객체 및 존재의 격리에 관한 실험 인가, 일상적인 의사 결정에 관여하지도 못합니다. 그들의 역할은 조직 전체의 장기적인 목표, 프로젝트, 전략을 결정하는 것입니다.

 정보 보안

재단의 활동은 최대한 비밀리에 이루어집니다. 모든 직원은 「알 필요에 따라 정보를 세분화하고, 필요 없는 정보는 접하지 않는다」라는 정보 보안에 바탕을 둔 인가 등급에 따라야 합니다. 재단의 보안 규약에 위반하는 행위를 했다가 발각된 직원은 즉시 특정되어 구속 및 징계 조치를 받습니다.

보안 인가 등급에는 0~5등급이 있습니다. 이상 존재를 접하지 않는 말단 직원은 0등급, 대부분의 연구원이나 요원에게는 2등급의 인가 등급이 주어질 것입니다. 5등급 권한이 있는 것은 O5 평의회원뿐입니다.

보안 인가 등급은 계급과 일치하지 않는다는 점에 주의하시기 바랍니다. 프로젝트 단위에서 필요하다면 하위 직원에게도 높은 등급의 권한을 주며, 반대로 특정 프로젝트에서 4등급 권한을 가진 상급 직원이라도 그럴 필요가 없는 한 다른 프로젝트의 최고 기밀을 열람하는 것은 허가되지 않습니다.

 요주의 단체

SCP 객체에 흥미를 보이는 것은 재단뿐만이 아닙니다. 그 밖에도 다양한 단체가 각자의 목적을 가지고 SCP 객체에 관여합니다. 그들 「요주의 단체」와 재단 사이에는 종종 심각한 이해의 대립이 발생합니다. 재단 직원이 이런 단체와 접촉할 때는 항상 경계해야 합니다. 요주의 단체의 습격이나 스파이 활동을 알아차리면 신속하게 보고해야 합니다. 재단 상층부의 허락 없이 요주의 단체와 협력하는 것은 해당 직원의 「처분」…… 즉 살해를 포함한 매우 무거운 징계 조치의 사유가 됩니다.

아래에 요주의 단체의 예를 몇 가지 들었습니다.

● 혼돈의 반란 The Chaos Insurgency

혼돈의 반란(CI)은 재단에서 분열된 적대 파벌입니다.

그들은 자신들이 소유한 SCP를 개인적인 이익을 위해 사용하며, 더 나아가 무기 밀매나 첩보활동에도 손을 물들인 반사회적 조직입니다.

CI는 제3세계의 독재국가나 반정부군과 손을 잡고 재단이 D계급 직원을 다루듯이 해당 국가의 국민을 이용합니다. 그래서 그런 나라들이 극도의 빈곤과 전쟁에 시달리도록 유지하려 합니다. 그런 상황이 이어져야 과격한 실험을 계속할 수 있기 때문입니다.

CI가 어떤 SCP를 소유하고 있는지는 거의 밝혀지지 않았지만, 몇 가지는 자세한 특성이 판명됐습니다. 가장 주목할 것은 「헤르메스의 지팡이」와 「엔트로피의 종」입니다. 전자의 지팡이에 닿은 모든 물질은 물리적, 화학적 성질이 왜곡됩니다. 후자의 종은 두드린 위치에 따라 다양한 파괴 효과를 초래합니다. 반란자들은 재단이 많은 희생을 치른 끝에 손에 넣은 이 두 개의 SCP를 훔쳤던 것입니다.

● 부서진 신의 교단 The Church of the Broken God

부서진 신의 교단은 SCP를 「신」의 부품으로 보고, 그것들을 올바르게 조립하려는 종교 단체입니다.

SCP-882를 발견해서 격리한 직후, 이 「교단」의 구성원이 나타나 재단에게 「신의 심장」을 반환할 것을 요구했습니다. 교단은 로버트 부마로라는 인물이 이끄는 열광적인 일파이며, 많은 SCP가 우주 창세 후에 부서져내린 「신」의 일부라고 믿습니다. 그것들을 모두 원래대로 되돌리면 신의 반열에 오를 수 있을 것으로 여깁니다.

교단은 재단을 「이단」으로 간주하며, 재단의 활동에 매우 적대적입니다. 직원을 살해하고 SCP 격리 시설을 파괴하려 합니다.

● 세계 오컬트 연합 The Golbal Occult Coalition

세계 오컬트 연합(GOC)은 제2차 세계 대전 후에 나치, 소련, 연합군을 이탈한 오컬티스트, 영매, 사제, 과학자들이 만든 동맹 조직입니다.

GOC는 자신들을 초자연적인 세계의 경찰로 여기며, 초자연적인 존재를 파괴하는 것에 긍지를 품고 있습니다. 지금까지 여러 번에 걸쳐 SCP 객체일 가능성이 있는 대상이 재단의 손에 회수 및 격리되기도 전에 GOC에게 파괴됐습니다.

GOC는 상황에 따라 재단의 편에 설 때도, 재단과 대립할 때도 있습니다. 그들은 대체로 재단을 경멸합니다. 재단이 SCP를 철저하게 파괴하지 않고 격리하여 사용하기 때문입니다.

● 지평선 구상 The Horizon Initiative

지평선 구상은 1960년대 후반에 주요 아브라함계 종교(유대교, 크리스트교, 이슬람교)의 유력 단체가 위협적인 활동이나 단체에 대항하고자 설립했습니다.

그들의 목표에 관해서는 아직 확실하게 밝혀진 것이 없으나, 교리상 SCP의 회수 또는 파괴를 포함하는 목표를 두고 있는 것으로 보입니다.

이 단체의 주력 무장 세력인 「프로젝트 말레우스」는 일반적으로 대(對) 컬트 작전과 SCP 회수 작전에 배치됩니다.

부서진 신의 교단처럼 종교 성향의 요주의 단체에 강한 적의를 품고 있으며, 이러한 적의는 때때로 무력 충돌로 발전합니다. 한편 재단이나 GOC에 대한 감정은 노골적인 적의에서 한정적인 협력 의사로 크게 변화했습니다.

● 일본생명창조연구소 Japan Organisms Improvement and Creation Laboratory

일본생명창조연구소는 특이한 생물이나 생명체를 만드는 것으로 추정되는 조직입니다. 일본 내에서 발견된 기묘한 생물의 몸에 「일본생명창조연구소」라는 문자와 일종의 식별 번호를 새긴 플라스틱 태그가 있다는 보고가 거듭 올라오면서 이 조직의 존재가 밝혀졌습니다. 태그가 아닌 갑을병 표기의 식별번호를 낙인으로 찍은 SCP도 확인되었으므로, 상당히 오래전부터 활동한 것으로 보입니다.

일본생명창조연구소와 얽힌 SCP는 동식물부터 곤충, 어류, 생명을 가진 것처럼 행동하는 물체 등등 다양합니다. 그런 SCP의 거의 전부에서 자연계 및 정상적인 현대 과학에서는 존재할 리가 없는 이상 요소와 개조의 흔적이 보이는데, 일반적인 윤리관은 전혀 신경쓰지 않는 듯합니다. 버려진 실험 시설이나 거기에서 회수한 문서 등을 보면 이 조직이 실존하며 대규모 생물 실험을 하고 있다는 것은 명백하지만, 자세한 것은 수수께끼입니다.

inSANe

WARRNING: THE FOUNDATION DATABASE IS
ACCESS BY UNAUTHORIZED PERSONNEL IS
PROHIBITED
PERPETRATORS WILL BE TRACKED, LOCAT

규칙 파트

「운영 정보」

How to Contribute

시작하기에 앞서

이 책에는 이야기를 나누고 주사위를 굴리면서 다른 세계에서의 모험을 즐기는 테이블 토크 RPG의 규칙이 적혀 있습니다. 이 게임에서는 자기가 만든 캐릭터의 입장이 되어(이것을 롤플레이라고 합니다) 모험을 하게 됩니다. 롤플레이를 어떻게 해야 하는지는 리플레이 파트를 참조하시기 바랍니다.

이 규칙 파트에는 실제로 게임을 진행하는 방법이 적혀 있습니다. 단, 테이블 토크 RPG에서는 다양한 시도가 가능하므로 모든 것을 규칙으로 정의하지는 않습니다. 플레이어가 규칙에 없는 것을 시도하고 싶어 한다면, 게임 마스터는 게임이 재미있어지도록 임의로 규칙을 변경하거나 조정할 수 있습니다.

이 파트는 『인세인 3』의 선택 규칙 모음집입니다. 이 책에서 페이지 번호가 언급될 때, 페이지 번호 앞에 「기본」이라고 적혀 있다면 그것은 『멀티 장르 호러 TRPG 인세인』의 페이지 번호를 나타냅니다. 단, 페이지 번호만 적혀 있으면 이 책의 페이지 번호를 나타냅니다.

● 특별한 용어

이 규칙에서 아래의 표기에는 특별한 의미가 있습니다.

nd6: 주사위를 n개 굴리고 합계를 냅니다. 예컨대 1D6이라면 주사위를 하나 굴리고 주사위 눈의 수치를 사용합니다. 2D6이라면 주사위를 2개 굴리고 주사위 눈의 합계치를 사용합니다.

D66: 주사위를 2개 굴리고 눈이 더 작은 쪽의 숫자를 10의 자리, 큰 쪽을 1의 자리로 간주하여 11~66의 수를 냅니다. 특수한 방식의 주사위 굴림입니다.

【】: 게임상의 특수한 데이터를 의미합니다. 캐릭터의 생명력, 이성치, 호기심, 공포심, 정보(거처, 비밀), 감정, 광기, 어빌리티 등에 사용합니다.

《》: 캐릭터의 특기를 의미합니다. 만약 / 뒤에 글자가 적혀 있다면, 그것은 해당하는 특기가 캐릭터 시트의 특기 리스트에서 어느 위치에 있는지를 나타냅니다. 예컨대《소리/지각7》이라고 적혀있다면 소리라는 특기가 지각 분야의 7번 항목에 있음을 나타냅니다.

세션: 『인세인』에서는 1회의 게임을 세션이라고 부릅니다.

GM: 게임 마스터의 약자입니다. 시나리오 작성, 게임 진행, 규칙 심판, 캐릭터 롤플레이, 이야기의 전개를 맡습니다.

플레이어: 캐릭터를 사용하여 게임 마스터의 시나리오에 도전하는 게임 참가자입니다. 모두 자신만의 캐릭터를 만들어서 게임에 참가합니다.

캐릭터: 게임에 등장하는 가상의 인격. 플레이어는 전용 캐릭터를 제작 및 조작해서 게임을 진행합니다.

PC: 플레이어가 조종하는 캐릭터를 의미합니다. 이름이나 직업, 특기나 어빌리티를 설정해서 간단하게 만들 수 있습니다.

NPC: 플레이어가 조종하지 않는 캐릭터를 의미합니다. 원칙상 게임 마스터가 조작합니다.

● 게임에 필요한 것

게임에는 아래의 준비물이 필요합니다.

규칙책: 『멀티 장르 호러 TRPG 인세인』이 필요합니다. 한 권만 있어도 플레이할 수 있지만, 참가자 수만큼 마련해두면 더 쾌적하게 플레이할 수 있습니다.

시트류: 캐릭터 시트, 규칙 요약본 같은 각종 시트를 참가자 수만큼 복사해둬야 합니다. 또, 전투 시트의 복사본이 한 장 필요합니다.

비밀과 광기와 정보재해: 시나리오에 사용할 핸드아웃이나【광기】를 복사하고 오려서 한 장씩 카드 형태로 만듭니다. 이때 작성한 카드는 카드 게임용 슬리브에 넣거나 두꺼운 종이에 붙여두면 쓰기에 편합니다.

주사위: 플레이어라면 각자 3개 정도의 6면체 주사위가 필요합니다. 게임 마스터는 6개 이상 준비해야 합니다.

게임 말: 전투할 때 자신의 속도를 관리하기 위한 게임 말입니다. 등장인물의 수만큼 준비해야 합니다.

1 『인세인 SCP』를 플레이하는 법

이 뒤에 적힌 규칙은 『멀티 장르 호러 TRPG 인세인』을 사용하여, 세계설정 파트에서 설명한 SCP 세계관으로 세션을 하기 위한 것입니다.

당신이 플레이어라면 「2. 주의할 점」을 읽고 「3. 캐릭터 제작」으로 넘어가시기 바랍니다. 캐릭터를 만든 후에는 게임 마스터의 지시에 따라 오싹하고 즐거운 모험에 나섭시다.

†

당신이 게임 마스터라면 「2. 주의할 점」을 읽은 후에 시나리오 파트로 넘어가거나, 직접 시나리오를 작성할 수 있습니다. 둘 중 하나를 선택해주세요.

시나리오 파트로 넘어간다면 세 개의 시나리오 중에서 아무거나 하나 선택하시기 바랍니다. 선택한 시나리오의 핸드아웃과 거기에 사용된 추가 【광기】를 카드로 만듭시다. 그리고 「리포트」, 「보안 인가 등급」, 「정보재해」, 「재단의 지원」, 「기억 소거」 등 세션 동안 사용할 추가 규칙을 읽고, 그런 규칙이 있다는 것을 파악해두세요. 모두 외울 필요는 없습니다. 그 뒤에는 일반적인 『인세인』과 똑같이 세션을 시작합시다.

직접 시나리오를 만들 때는 먼저 외부 자료에 의존하게 될 것입니다. 웹사이트에는 괴사건을 일으키는 방대한 양의 SCP 객체가 등록되어 있습니다.

SCP 재단

http://ko.scp-wiki.net/
http://www.scp-wiki.net/
http://ja.scp-wiki.net/

우선 몇 개를 골라서 읽어봅시다. 목록에는 수천 개의 객체가 등록되어 있으므로, 철야를 해도 상관없는 경우가 아니라면 몇 개를 읽을지 정해두고 읽는 것을 추천합니다.

SCP Foundation 비공식 일본어역 wiki(http://scpjapan.wiki.fc2.com)는 일본 SCP 재단 사이트와 통합되었습니다.

그리고 읽은 것 중에서 마음에 드는 객체를 하나 선택합시다.
당신은 그 객체를 사용해서 아래와 같은 시나리오를 만들 수 있습니다.

- 재단이 객체를 확보했을 때의 시나리오
- 객체가 격리 위반을 일으켰을 때의 시나리오
- 객체를 노리는 요주의 단체가 습격했을 때의 시나리오

이것들은 『인세인 SCP』의 전형적인 시나리오 패턴으로, 각각 「확보」 시나리오, 「격리」 시나리오, 「보호」 시나리오라고 부릅니다. 혹시 여유가 있다면 여러 패턴을 조합해볼 수도 있습니다.

자료에 의지하지 않고 오리지널 객체를 만들 수도 있습니다. 이때, SCP 넘버에는 끝부분에 INS를 붙여 「SCP-XXXX-INS」라고 표기해서 『인세인 SCP』 플레이용으로 만든 것임을 밝혀주시기 바랍니다. 그래야 플레이어가 이해하기 편합니다.

그리고 시나리오를 만듭시다. 일반적인 『인세인』과 똑같습니다. 이 책의 추가 규칙을 가볍게 읽고 그것을 사용한 장치를 시나리오에서 사용하면 됩니다.

『인세인 SCP』의 추천 플레이어 수는 3명입니다. 4명이나 2명으로도 플레이할 수는 있지만, 시나리오 파트의 시나리오를 사용한다면 핸드아웃이나 시나리오의 내용을 다소 손봐야 할 수도 있습니다.

또, 시나리오가 완성됐더라도 게임 마스터인 당신은 세션에 참가할 플레이어를 모아야 합니다.

필요한 플레이어 수는 시나리오를 준비했을 때 이미 정해져 있습니다. 그 수만큼 함께 플레이하면 즐거울 것 같은 친구나 지인을 떠올려보시기 바랍니다. 그리고 연락을 취해서 적당한 날짜를 정합시다.

장소를 정하고 예정을 잡는 방법에 특별한 규칙은 없으므로, 임기응변을 발휘할 때입니다. 혼자서 준비하기 버겁다면 플레이어들에게 도와달라고 할 수도 있습니다.

자, 여기까지 끝마쳤다면 이제 플레이어들을 이끌고 오싹하고 즐거운 모험을 하러 나서기만 하면 됩니다.

2 주의할 점

여기에는 『인세인 SCP』 세션을 할 때 먼저 알아둬야 할 주의점이 적혀 있습니다.

2.01 SCP에 관해 잘 모르는 경우

괜찮습니다. 평범한 『인세인』처럼 플레이하시기 바랍니다. PC로 제작한 캐릭터는 재단의 직원 중에서도 현장 담당에 해당하며, SCP 세계의 모든 것을 파악하고 있지는 않습니다.

플레이어 사이에 지식 차가 있더라도, 오히려 선후배 사이 같은 롤플레이를 할 계기가 되어 더 재미있을 때가 많을 것입니다.

처음에 PC가 알아둬야 할 정보가 있을 때는 게임 마스터가 리포트 시트에 해당 정보를 적어줍니다.

그래도 신경 쓰인다면 D계급 직원 PC를 제작합시다. 그러면 플레이어와 PC의 SCP 지식이 거의 같아집니다. 요컨대 제로지요.

2.02 세션 관리

『인세인 SCP』로 플레이하는 세션의 내용은 『인세인 SCP』와 마찬가지로 SCP의 설정을 이용해서 만든 2차 창작물입니다.

그런 것을 SCP에서는 「이야기(tale)」라고 정의합니다. 이야기는 SCP 객체의 내용이 적힌 기사와는 다른 카테고리에 속합니다. 목적도, 쓰는 방식도 다릅니다.

그러므로 세션의 내용을 바탕으로 각 Wiki에 있는 SCP 기사를 고치지 말아주시기 바랍니다.

SCP 커뮤니티에 참가해서 SCP 기사를 더 재미있게 바꾸기 위해 세션을 플레이한 기억을 이용하는 경우라면 상황이 다를 수도 있겠습니다만, 거기까지 가면 이미 이 책에서 다룰 문제가 아닙니다.

그리고 이야기에는 편리한 측면이 있습니다. 바로 특정한 기사에 기재된 SCP 객체를 다루는 시나리오를 작성할 때 기사에 기재되지 않은 특성을 덧붙일 수도 있고, 세션에서 다루기 어려운 특성을 무시하거나, 파괴하거나, 변질시킬 수도 있다는 점입니다.

대다수의 SCP 기사에는 「왜」, 「누가」, 「무엇을 위해서」 SCP 객체를 만들어내어 세상에 내보냈는지에 관한 정보가 없습니다.

분위기를 유지하려면 없는 게 나은 정보일 때도 많지만, 만약 플레이어들이 객체가 일으키는 괴현상을 절실하게 해결하고 싶어한다면 그런 정보를 설정한 시나리오를 제작해서 객체를 안전 등급으로 만드는 임무를 둘러싼 세션을 플레이할 수도 있습니다.

SCP 객체를 잇달아 만들어내어 세상에 풀어놓는 요주의 단체를 픽업하거나 작성해서 그들과 재단 직원의 싸움을 그린 장대한 캠페인을 진행할 수도 있습니다. 최종적으로 요주의 단체가 괴멸해도 문제없습니다. 재단이 져서 없어지거나, SCP 객체의 효과로 인류문명이나 지구, 또는 전 세계가 파괴되는 사태가 발생한다면 SCP-2000을 참조합시다.

2.03 기사 열람

웹에 정보가 공개된 SCP 객체를 이용해 『인세인 SCP』 세션을 할 때, 플레이어는 세션 동안 해당 객체의 기사를 보지 않도록 합시다.

리포트 시트에 있는 정보만을 의지하여 세션을 플레이하시기 바랍니다.

이유를 말하자면, 우선 그래야 더 즐겁습니다. 무서운 대상의 정체를 알아버리면 공포가 반감합니다.

또, 기사의 일부 정보만이 초기 정보로 공개되고, 보안 인가 등급을 높이지 않는 한 볼 수 없는 비밀 정보가 있는 구조의 시나리오에서 제한된 정보를 보게 될 우려가 있습니다.

게다가 웹상에 공개된 객체와 세션에 등장한 객체에 차이가 있을 수도 있습니다. 앞의 항목에서 언급한 바와 같이 시나리오 제작자는 객체의 정보를 마음대로 변경할 수 있습니다.

예전에 읽은 적이 있는 기사에 등장한 객체가 플레이어로 참가한 세션에 등장한 경우, 어렴풋이 기억하고 있음을 밝혀두는 것이 좋습니다. 하지만 그 세션에 참가하는 것 자체를 자제할 필요는 없습니다.

그 기억을 세션의 공포나 즐거움이 커지는 방향으로 활용합시다. 어떤 의미로는 게임 마스터와 공모하는 형태로 세션에 참가하는 셈입니다.

플레이어가 받은 핸드아웃의 【비밀】에 따라서는 SCP 객체의 정보를 아는 것이 중요하지 않을 때도 있습니다. 오히려 그런 핸드아웃을 할당해달라고 게임 마스터에게 요청하는 편이 좋습니다.

3 캐릭터 제작

이 규칙은 『인세인 SCP』의 플레이어 전용 캐릭터를 제작하는 규칙입니다. 『인세인 SCP』의 캐릭터는 어떤 이상한 사건의 관계자가 되며, 대개 SCP 재단의 직원입니다. 이상한 사건에 관여할 때도 보통 재단 상층부의 지령에 따라 관여하게 됩니다.

플레이어는 캐릭터 시트를 복사해서 직접 사용할 캐릭터 시트를 준비합니다. 그리고 각자 이제부터 설명하는 규칙에 따라 자신의 캐릭터를 만들기 바랍니다.

3.01 캐릭터의 개성

자기 캐릭터의 이름을 정합시다. 게임 마스터가 준비한 무대의 배경에 따라 정하는 것이 좋습니다.

『인세인』에는 다채로운 「이름표」가 준비되어 있습니다. 그것들을 사용해서 무작위로 이름을 정할 수 있습니다.

또, 이름에 맞춰 성별이나 연령도 결정합시다.

3.02 캐릭터의 직업

『인세인 SCP』에는 전형적인 재단 직원에 해당하는 세 가지 직업이 준비되어 있습니다. 바로 「현장 요원」, 「연구원」, 「D계급 직원」입니다. 자세한 것은 다음 페이지부터 기재합니다.

또, 「일반인」으로서 『인세인』과 같은 봉마인을 PC로 제작할 수도 있습니다. 이때 캐릭터는 「우연히 휘말린 평범한 사람」이 됩니다. SCP 재단의 지원을 이용할 수 없을 뿐만 아니라 다양한 장면에서 정보를 공유하지 못합니다. 『인세인 SCP』에서는 불리한 입장입니다.

직업을 선택하기 전에, 준비한 시나리오에 어떤 직업이 어울릴지 게임 마스터에게 확인하시기 바랍니다. 괴현상이 벌어진 현장에서는 대개 일반인이 배제되며, 쉽게 도주할 수 있는 환경에서 D계급 직원만으로 조사팀을 편성하지는 않을 것입니다.

직업을 결정함으로써 캐릭터의 특기 두 종류가 자동으로 결정됩니다. 특기에 관해서는 『인세인』 「1.04 캐릭터의 특기」를 참조하시기 바랍니다.

「일반인」을 선택한 캐릭터는 『인세인』 「1.02 캐릭터의 직업」을 참조하시기 바랍니다.

3.02.01 현장 요원

현장 요원은 SCP 재단의 눈과 귀이며, 바깥 세계에서 활동하는 수족입니다. 보통은 재단의 위장단체에서 평범한 직무에 종사하지만, 괴현상이 일어났을 때는 재단의 명령에 따라 조사에 나섭니다. 정체를 숨긴 스파이나 탐정 같은 존재라고 생각하시기 바랍니다.

현장 요원은 재단의 SCP 목록을 볼 수 있으며, 재단의 활동이 인류의 안전을 위한 것임을 이해하고 있습니다.

현장 요원은 C계급 직원이며, 보안 인가 2등급입니다. 또, 지각 분야에서 아무거나 1개, 기술 분야에서 아무거나 1개의 특기를 습득합니다.

그리고 어빌리티를 선택할 때 현장 요원 전용 어빌리티를 선택할 수 있습니다.

3.02.01.01 현장 요원 이력표

캐릭터는 재단에 현장 요원으로 채용되기 전에 무엇을 하고 있었을까요? 이 표는 그것을 정하기 위한 표입니다. 마음대로 선택해도 좋고, 주사위를 굴려도 좋고, 표를 완전히 무시하고 독자적인 이력을 설정해도 됩니다.

현장 요원 이력표 (1D6)	
1	**D계급 출신** 당신은 원래 사형수에서 차출된 D계급 직원이었지만, 우수한 능력과 재단에 대한 충성심이 확인되어 C계급 직원으로 다시 고용됐습니다.
2	**연구원 출신** 당신은 SCP 객체를 연구하는 부문의 직원이었지만, 프로젝트 종료나 상급 연구원과의 불화 등 어떠한 이유로 재배치됐습니다.
3	**퇴역 군인** 당신은 군사 조직에 있다가 재단에 채용됐습니다. 위기 상황에 대응하는 판단력과 위험 요소를 조사하는 능력을 기대받고 있습니다.
4	**위장** 단체 출신 당신은 재단의 위장 단체에서 일하는 일반인이었으나, 우수한 능력을 인정받아 재단에 고용됐습니다.
5	**권력자의 자제** 당신은 재단과 협력 관계에 있는 권력자의 자제입니다. 인류를 지키는 숭고한 목적을 위해 의무적으로 자신의 능력을 재단에 제공하고 있습니다.
6	**기억 상실** 당신은 현장 요원이 되기 전의 기억이 없습니다. 이전의 인물상에 관한 설명을 받기는 했지만, 그게 과연 사실일까요?

어빌리티: 현장 요원

전투 훈련

타입 공격

지정특기 폭력 분야에서 아무거나

효과 목표 1명을 선택하고 명중판정을 한다. 명중판정이 성공하고 목표가 회피판정에 실패하면 목표에게 대미지를 입힌다. 1D6을 두 번 굴려서 높은 눈을 하나 선택해 대미지로 삼는다.

해설 *기초적인 전투 훈련을 받아서 적에게 더 효과적으로 위해를 가할 수 있다.*

과장

타입 서포트

지정특기 예술

효과 리포트에 【비밀】을 3개 제출할 때마다 사용할 수 있다. 지정특기 판정에 성공하면 그때 획득할 수 있는 【진척】이 1 증가한다.

해설 *노고를 과장해서 자신들의 평가를 높인다.*

전율

타입 서포트

지정특기 정서 분야에서 아무거나

효과 메인 페이즈에 당신의 행동을 하기 전에 사용할 수 있다. 목표를 1명 선택하고 지정특기 판정에 성공하면 목표가 가진 정보재해의 【비밀】이나 목표의 정신상태를 입수한다.

해설 *사소한 위화감에서 무시무시한 진실에 도달하는 날카로운 감.*

지연

타입 서포트

지정특기 효율

효과 리포트에 【비밀】을 제출하기 전에 사용할 수 있다. 지정특기 판정에 성공하면 당신이 입수한 【비밀】 중 하나를 리포트에 제출하지 않을 수 있다.

해설 *갖가지 이유를 내세워 재단에 대한 정보 제출을 거부한다.*

내부 자료

타입 장비

지정특기 없음

효과 재단 직원에 대해 조사판정을 할 때 사용할 수 있다. 조사판정이 성공하면 이어서 같은 목표에 대해 한 번 더 조사판정을 할 수 있다.

해설 *재단의 내부 자료를 열람할 권한이 있어서 직원을 손쉽게 조사할 수 있다.*

도주경로

타입 장비

지정특기 없음

효과 당신의 도주판정에는 +1의 수정이 적용된다.

해설 *유능한 요원은 살아남는 방법을 터득하고 있는 법이다.*

3.02.02 연구원

연구원은 SCP 재단이 보유한 수많은 객체 격리 기지에 근무합니다. 대개 특정한 SCP 객체나 괴현상을 연구하는 프로젝트 팀에 편입되어 날마다 서류를 읽거나 쓰고, 실험을 하며 대상의 해명에 힘씁니다. 객체 중에는 위험을 무릅쓰고 격리 절차를 밟아야 하는 것도 많으므로, 그것들을 더 안전하게 다룰 방법을 찾아야 할 때도 있을 것입니다.

연구원은 재단의 SCP 목록을 볼 수 있으며, 재단의 활동이 인류의 안전을 위한 것임을 이해하고 있습니다.

연구원은 C계급 직원이며, 보안 인가 2등급입니다. 또, 지식 분야에서 아무거나 1개, 괴이 분야에서 아무거나 1개의 특기를 습득합니다. 이로 인해【이성치】가 1 감소합니다.

그리고 어빌리티를 선택할 때 연구원 전용 어빌리티를 선택할 수 있습니다.

3.02.02.01 연구원 이력표

현장 요원과 마찬가지로 이력표가 있습니다. 이 표를 사용할지는 임의로 결정하시기 바랍니다.

연구원 이력표 (1D6)	
1	**D계급 출신** 당신은 원래 사형수에서 차출된 D계급 직원이었지만, 우수한 능력과 재단에 대한 충성심이 확인되어 C계급 직원으로 다시 고용됐습니다.
2	**현장 요원** 출신 당신은 직접 회수한 SCP 객체를 연구하는 연구반에 편입됐습니다. 당신이 객체와 조우했을 때 보여준 지식과 재치를 상층부가 높이 샀기 때문입니다.
3	**정부기관** 당신은 지방 정부기관의 연구원이었으나, 괴현상을 재빨리 알아차림으로써 재단의 흥미를 끌어 고용됐습니다.
4	**대학** 당신은 대학에서 면학의 나날을 보내고 있었습니다. 수석 교수에게 비밀스러운 부탁을 받았을 때는 일이 이렇게 되리라고는 생각하지 못했습니다.
5	**기업** 당신은 재단의 위장 단체 또는 일반 기업의 연구원이었습니다. SCP 객체 격리에 필요한 전문 지식이 있어서 고용됐습니다.
6	**기억 상실** 당신은 연구원이 되기 전의 기억이 없습니다. 전문 지식조차 제대로 기억하지 못하는데도 굳이 연구원으로 고용된 의미 또한 모릅니다. 무슨 일이 있었던 걸까요……?

어빌리티: 연구원

명시 청구
타입 서포트

지정특기 지식 분야에서 아무거나

효과 리포트에 【비밀】을 3개 제출할 때마다 사용할 수 있다. 지정특기 판정에 성공하면 당신의 보안 인가 등급이 1 증가하거나, 당신의 다음 공포판정에 +2의 수정이 적용된다.

해설 *특정한 사건에 관한 정보의 취급 권한을 획득하는 지름길을 알고 있다.*

비정상적인 노동
타입 서포트

지정특기 시간

효과 메인 페이즈에 당신의 행동을 한 후에 사용할 수 있다. 광기 카드를 덱에서 2장 뽑고 지정특기 판정을 한다. 판정이 성공하면 그 장면에서 한 번 더 행동할 수 있다.

해설 *어떤 상황에서도 쉬지 않는 능력. 괴현상 대처는 일각을 다투는 일이다.*

사전 교섭
타입 서포트

지정특기 인내

효과 메인 페이즈에 당신의 행동을 한 후에 사용할 수 있다. 재단의 지원 중 【진척】이 3 이상 필요한 지원을 하나 선택하고 지정특기 판정을 한다. 판정이 성공하면 세션이 끝날 때까지 해당 지원에 필요한 【진척】이 1 감소한다. 1 이하로 낮출 수는 없다.

해설 *재단의 상층부나 동료에게 넌지시 이야기를 꺼내서 지원을 받기 쉽게 해두는 능력.*

지체
타입 서포트

지정특기 파괴

효과 당신이 정보재해나 광기의 효과를 받았을 때 사용할 수 있다. 지정특기 판정에 성공하면 해당 효과는 당신의 다음 행동이 끝난 뒤에 발휘된다.

해설 *이중사고의 일종. 뜻대로 되지 않는 자신의 정신 활동을 늦출 수 있다.*

숭고한 희생
타입 장비

지정특기 없음

효과 세션 동안 사망한 PC의 수만큼 조사 판정에 플러스 수정이 적용된다. 단, 이 효과로 +4 이상의 수정을 적용할 수는 없다.

해설 *죽어간 사람들의 마음을 짊어지고 위업을 이룬다.*

임시변통
타입 장비

지정특기 없음

효과 당신이 판정을 하기 전에 사용할 수 있다. 원하는 종류의 아이템을 원하는 만큼 소비하고, 원래의 효과를 대신해서 소비한 아이템의 개수만큼 판정에 플러스 수정을 적용한다. 최대+3.

해설 *아이템을 본래와는 다른 방식으로 활용하는 능력.*

3.02.03 D계급 직원

D계급 직원이란 위험한 임무를 위해 본인의 의지와는 관계없이 채용된 직원입니다. 주로 각국의 경찰 기관이 수감 중인 사형수 중에서 차출됩니다. 죄수복과 비슷하게 생긴 작업복을 입고, 목에는 원격조작으로 기폭할 수 있는 폭약이 든 목걸이를 찹니다. 재단 직원에게 적대적인 행동을 하면 목걸이가 기폭되어 처분될 수 있습니다. 보통 재단의 격리 기지에 설치된 D계급 직원용 기숙사에 구금됩니다.

D계급 직원은 재단의 SCP 목록을 볼 수 없습니다. 또, 보통은 재단에 충성하지도 않을 것입니다. 처분 조치를 피해 어떻게든 살아남는 것만이 목적입니다.

보안 인가 등급은 0입니다. 또, 폭력 분야에서 아무거나 1개, 정서 분야에서 아무거나 1개의 특기를 습득합니다.

그리고 어빌리티를 선택할 때 D계급 직원 전용 어빌리티를 선택할 수 있습니다.

3.02.03.01 D계급 직원 이력표

현장 요원과 마찬가지로 이력표가 있습니다. 이 표를 사용할지는 임의로 결정하시기 바랍니다.

D계급 직원 이력표 (1D6)	
1	**살인** 당신은 한 명 이상의 인간을 고의로 살해했습니다. 반드시 그런 쪽의 프로인 것은 아니지만, 사건을 통해 어느 정도의 자기진단을 내렸습니다.
2	**방화** 당신은 건물에 불을 질러 중대한 인명 피해와 재산 피해를 냈습니다. 타는 냄새가 나면 언제나 사건 당시의 일이 떠오릅니다.
3	**독극물** 당신은 공공 수도에 독극물을 섞었습니다. 인류 전반을 진심으로 미워하는 것은 틀림없는 사실입니다. 당신은 재단이 제공한 음료를 믿고 마실 수 없습니다.
4	**폭발** 당신은 폭발물을 사용해서 인명을 살해하고 재산을 침해했습니다. 그때는 정치적인 사상이 있었을지도 모르지만, 지금은 여하튼 인류 전체를 지켜야만 합니다.
5	**스파이** 당신은 출신국 외부의 세력과 내통하여 국내에 내란을 유발하거나 중요한 정보를 국외로 빼돌렸습니다. 당신의 두뇌는 재단에겐 위협적입니다. 하지만 D계급도 사람 수가 부족합니다.
6	**C계급 출신** 당신은 중대한 복무규정을 위반한 전(前) C계급 직원입니다. 일반 재단 직원은 당신을 부스럼 만지듯이 대합니다. 함부로 입을 열면 곧바로 처분될 것입니다.

어빌리티: D계급 직원

궁지에 몰린 쥐

타입 공격

지정특기 폭력분야에서 아무거나

효과 목표를 1명 선택하고, 광기 카드를 1장 뽑고 나서 명중판정을 한다. 명중판정이 성공하고 목표가 회피판정에 실패하면 목표에게 3D6의 대미지를 입힌다.

해설 *궁지에 몰린 죄수가 결사적으로 가하는 일격.*

부정열람

타입 서포트

지정특기 지각분야에서 아무거나

효과 메인 페이즈에 당신의 행동을 하기 전에 사용할 수 있다. 지정특기 판정에 성공하면 리포트 시트에 있는 보안 인가 2등급까지의 정보를 모두 열람할 수 있다. 판정이 실패하면 이 시도를 들킨다.

해설 *해킹이나 엿보기, 엿듣기를 통해 리포트에 적힌 정보를 얻는다.*

숨겨둔 장비

타입 서포트

지정특기 기술분야에서 아무거나

효과 메인 페이즈에 당신의 행동을 하기 전에 사용할 수 있다. 【이성치】를 1점 감소하고 지정특기 판정을 한다. 판정이 성공하면 보통 D계급 직원에게는 허가되지 않는 것도 포함해서 원하는 아이템을 1개 획득한다.

해설 *특정한 체강(體腔)이나 피부 아래에 아이템을 숨겨놓고, 꺼낼 타이밍을 기다린다.*

불굴

타입 서포트

지정특기 죽음

효과 당신이 대미지를 입어 【생명력】이 0점이 됐을 때 사용할 수 있다. 지정특기 판정을 해서 성공하면 당신의 【생명력】은 1점이 된다. 이 효과로 「사망한다」라는 효과를 무효로 할 수는 없다.

해설 *끈질기게 살아남는 능력. 새로운 시련을 맞이할 뿐일지도 모르지만, 살아있으면 기회는 온다.*

욕심

타입 장비

지정특기 없음

효과 당신이 전투에서 승자가 됐을 때, 전과를 최대 「전투에 참가한 캐릭터의 수」만큼 획득할 수 있다. 단, 이 효과로 4개 이상의 전과를 획득할 수는 없다.

해설 *패자로부터 모든 것을 빼앗는 냉혹한 인물.*

강등

타입 장비

지정특기 없음

효과 현장 요원 또는 연구원의 어빌리티에서 1개를 선택해 습득한다.

해설 *한때 C계급 직원이었던 당신은 그때 얻은 기술이나 계정을 아직도 가지고 있다.*

3.02.03.02 D계급 직원의 이름

보통 본래의 이름이 무엇이었든 간에 D계급 직원은 번호로 불리게 됩니다.

게임 마스터에게 세션에서 취급할 SCP 객체의 번호를 확인하시기 바랍니다. 새로운 이름은 「D - 객체 번호 - 임의의 번호」입니다.

마지막에 붙는 임의의 번호는 일반적으로 그 객체에 관여한 몇 번째 D계급 직원인지를 나타냅니다.

게임 마스터와 적절한 번호를 상의하거나, D66을 굴려서 결정합시다.

세션에서 다루는 SCP 객체의 번호가 불확실하다면 잠정 정리번호를 사용합니다. 「4.05 리포트」를 참조해서 잠정 정리번호를 결정하시기 바랍니다.

3.03 캐릭터의 공적점

공적점은 게임이 시작할 때는 0점이며, 게임이 끝날 때마다 획득할 수 있습니다. 또, SCP 재단 직원에 어울리지 않는 행동을 하면 공적점이 감소할 수도 있습니다.

이 수치를 소비해서 캐릭터를 성장시킬 수 있습니다.

이 수치가 0이 된 상태에서 다시 감소한 경우, C계급 직원은 직업이 강제로 D계급 직원으로 변경됩니다. D계급 직원은 처분 조치를 당해 캐릭터가 사라집니다.

3.04 캐릭터의 특기

직업에 따라 습득한 특기 두 종류에 더해 마음대로 네 종류의 특기를 골라서 습득합니다. 특기에 관해서는 『인세인』의 「1.04 캐릭터의 특기」를 참조하시기 바랍니다.

괴이 분야의 특기를 습득할 때마다 【이성치】가 1점 감소합니다.

3.05 캐릭터의 호기심과 공포심

『인세인』과 같은 방법으로 캐릭터의 【호기심】과 【공포심】을 결정합니다.

3.06 캐릭터의 생명력과 이성치

【생명력】은 6점, 【이성치】도 마찬가지입니다. 【이성치】는 괴이 분야의 특기를 습득하거나 특정 어빌리티의 영향을 받으면 감소할 수 있습니다.

3.07 캐릭터의 어빌리티

캐릭터는 【기본공격】과 【전장이동】에 더해 두 종류의 어빌리티를 습득합니다. 『인세인』「1.09 캐릭터의 어빌리티」를 참조하시기 바랍니다. 재단 직원은 선택한 직업에 따라 습득할 수 있는 어빌리티의 폭이 넓어집니다.

3.08 캐릭터의 인물란

인물란을 관리하는 방법은 『인세인』과 같습니다.

3.09 캐릭터의 아이템

C계급 이상의 재단 직원은 「진통제」, 「무기」, 「부적」에 더해 「네트 런처」와 「B등급 기억 소거제」를 선택해서 가질 수 있습니다.

또, PC 중에 D계급 직원이 있다면 1명당 1개씩의 「기폭장치」를 임의로 정한 C계급 이상의 직원에게 줍니다. C계급 이상의 직원이 2명 이상이라면 누가 가질지 상의해서 결정하시기 바랍니다.

캐릭터가 D계급 직원이라면 처음에 가질 수 있는 아이템은 「진통제」와 「부적」으로 제한됩니다.

이런 제한은 캐릭터를 제작할 때, 그리고 세션에 앞서 조정할 때만 적용합니다. 세션 중에는 서로에게 마음대로 아이템을 전달할 수 있습니다. 「네트 런처」, 「B등급 기억 소거제」, 「기폭장치」는 사용하면 소비됩니다.

● 네트 런처

전투를 할 때, 자기 차례에 사용할 수 있습니다. 실체가 있는 목표를 하나 선택하고, 그 전투 동안 목표의 회피판정에 -1의 수정을 적용합니다. 이 수정은 누적되지 않습니다.

● B등급 기억 소거제

메인 페이즈의 장면에서 주요 행동이 끝난 뒤에 사용할 수 있습니다. 자신이 입수한 【정보】를 모두 잃습니다. 자신이 가진 현재화하지 않은 【광기】는 덱에 되돌립니다.

현재화한 【광기】에는 효과가 없습니다. 정보재해에 효과가 있을지는 게임 마스터가 결정합니다.

● 기폭장치

전투를 할 때, 자기 차례에 사용할 수 있습니다. 목표로 D계급 직원 하나를 선택합니다. 목표는 사망합니다.

4 4. 세션

『인세인 SCP』는 기본적으로 『인세인』과 같은 방식으로 게임을 진행하지만, 몇 가지 다르게 취급하는 규칙이 있습니다. 또, 새로운 규칙을 추가했습니다.

4.01 스트레스

게임 마스터는 시나리오를 제작할 때 조사 대상의 핸드아웃 앞면에 「스트레스」라고 적을 수 있습니다.

스트레스가 설정된 핸드아웃에 대해 처음으로 조사판정을 하는 캐릭터는 판정 전에 광기 카드를 한 장 뽑아야 합니다. 같은 핸드아웃에 대해 두 번째 이후의 조사판정을 하는 캐릭터에게는 효과가 없습니다.

스트레스는 조사에 앞서 명백하게 공포를 느낄 만한 인물, 물품, 장소 등에 설정하는 것이 좋습니다. 사람이 죽은 방, 만지면 이상한 현상이 발생할 것 같은 물품, 기행을 반복하는 인물 등이 여기에 해당합니다.

스트레스가 설정된 핸드아웃을 빨리 조사해야만 하는 상황을 함께 설정하면 더 좋습니다.

4.02 조킹

SCP 객체가 그 기묘한 성질을 발휘하는 계기는 다양합니다. 그래서 『인세인 SCP』에서 조사판정을 할 때는 「그것을 어떻게 조사하는지」를 선언하는 것이 중요합니다.

만지면 죽는 객체라도 특정한 절차를 거쳐 입수하면 안전할지도 모릅니다.

그러므로 『인세인 SCP』에서는 조사판정을 할 때마다 조킹(기본 202페이지)을 하는 것을 추천합니다.

캐릭터가 어떤 핸드아웃을 조사하는 장면을 열었을 때, 게임 마스터는 어느 정도 상황을 묘사하고 나서 플레이어에게 어떻게 반응할지 물어보시기 바랍니다.

따로 조킹을 하지 않고 「무작정 조사판정」을 했을 때, 게임 마스터는 판정이 성공했을 때 발생할 수 있는 결과 중에서 최악의 결과를 채용해도 좋습니다.

4.03 사망

『인세인 SCP』에서 【생명력】이 0점이 된 캐릭터는 행동불능이 되는 대신 사망합니다.

플레이어 캐릭터가 사망하면 「4.08 재단의 지원」을 참조해서 새로운 직원을 충원하게 될 것입니다.

게임 중에 게임 마스터가 설정한 효과로 캐릭터가 행동불능이 될 수는 있습니다. 또, 플레이어 캐릭터가 다른 캐릭터의 【생명력】을 0점으로 만들었을 때 죽이지 않겠다고 선언하면 【생명력】이 0점이 된 캐릭터는 행동불능이 됩니다.

4.04 추가 광기

아래는 『인세인 SCP』에서 사용할 수 있는 추가 【광기】입니다. 시나리오에 따라 선택해서 덱에 추가하시기 바랍니다.

추가 【광기】의 비율은 플레이어 1명당 1장 정도가 적당합니다.

Handout

광기	양심의 가책
트리거	D계급 직원이 사망한다.

당신은 입장을 이용해 사람을 죽음에 몰아넣었다. 이 죄는 용서받을 수 있는 것이 아니다. 당신의 【이성치】가 3점 감소한다.

이 광기를
스스로 밝힐 수는 없다.

Handout

광기	상층부의 부패
트리거	PC 중 누군가가 사망한다.

당신은 재단의 이사관이 타락하여 모종의 이익을 위해 당신을 죽이려 한다고 믿게 된다. 이 【광기】가 현재화하고 있는 동안 당신은 재단 직원의 지시나 명령을 따를 수 없으며, 당신의 【사명】은 「재단에게서 도망친다」로 변경된다.

이 광기를
스스로 밝힐 수는 없다.

Handout

광기	충성심의 부패
트리거	당신이 공포판정에 실패한다.

이런 기분을 맛보면서까지 달성해야만 하는 임무라는 게 대체 뭘까? 이 【광기】가 현재화하고 있는 동안 당신의 조사판정에는 -1의 수정이 적용된다.

이 광기를
스스로 밝힐 수는 없다.

Handout

광기	배드 아이디어
트리거	당신이 공포판정에 실패한다.

당신은 SCP 객체나 괴현상을 사용해 세계를 멸망시키는 방법을 떠올리고 말았다. 당신이 이 【광기】를 현재화한 채로 생존한 상태에서 세션을 종료했다면, 마침내 유혹에 지고 만 당신의 손에 인류 문명이 붕괴한다.

이 광기를
스스로 밝힐 수는 없다.

Handout

광기	연락
트리거	당신의 【이성치】가 0점이 되거나 이미 0점이다.

당신은 재단에서 하는 일을 부모나 형제에게 말해두지 않은 것이 후회되기 시작했다. 당신은 억지로 연락 수단을 확보해서 누군가에게 정보를 누설한다. 이 사이클이 끝날 때, 당신은 사망한다. 이 【광기】가 공개된 것이 클라이맥스 페이즈였다면 해당 라운드가 끝날 때 당신은 사망한다.

이 광기를
스스로 밝힐 수는 없다.

Handout

광기	사디즘
트리거	당신이 D계급 직원과 같은 장면에 등장한다.

전부터 남에게 해보고 싶었던 이런 저런 짓을 실제로 실행한 뒤에 그대로 죽여버려도 문제가 없을 녀석이 눈앞에 있다. 같은 장면에 등장한 D계급 직원을 무작위로 1명 선택한다. 그 캐릭터는 당신의 행위나 명령으로 사망한다.

이 광기를
스스로 밝힐 수는 없다.

Handout

광기	분실
트리거	쇼크로 당신의 【이성치】가 감소한다.

어라? 그걸 어디에 뒀더라……? 가지고 있는 아이템이나 프라이즈 중에서 무작위로 1개를 선택한다. 아이템을 선택했다면 그것이 사라진다. 프라이즈를 선택했다면 GM은 아무나 캐릭터를 1명 선택한다. 그 캐릭터가 해당 프라이즈를 획득한다.

이 광기를
스스로 밝힐 수는 없다.

Handout

광기	가지고 도주
트리거	당신이 SCP 객체를 입수한다.

당신은 SCP 객체에 매료됐다. 당신은 입수한 SCP 객체를 어떻게든 개인적으로 소유하려고 한다. 이 【광기】가 현재화하고 있는 동안 당신의 【사명】은 「클라이맥스 페이즈가 끝날 때 자신이 SCP 객체를 가지고 있다」로 변경된다.

이 광기를
스스로 밝힐 수는 없다.

Handout

광기	안주의 땅
트리거	당신이 건물이나 지역 형태의 SCP 객체에 들어간다.

당신은 이 장소에서 다른 어디에서도 느낀 적이 없는 깊은 안도감에 휩싸인다. 클라이맥스 페이즈가 시작할 때까지, 당신은 이【광기】가 현재화한 장면의 장소가 아닌 곳을 무대로 하는 장면에 등장할 수 없다. 또, 당신이 장면 플레이어가 됐을 때는 해당 장소를 장면의 무대로 선택해야만 한다.

이 광기를
스스로 밝힐 수는 없다.

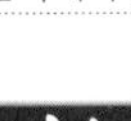

Handout

광기	파괴충동
트리거	당신이 SCP 객체를 입수한다.

이 SCP 객체는 너무나도 위험하다. 당신은 어떻게든 객체를 파괴하고자 최선을 다한다. 상황에 따라서는 전투를 걸 것이다. 이【광기】가 현재화하고 있는 동안 당신의【사명】은 「SCP 객체를 파괴한다」로 변경된다.

이 광기를
스스로 밝힐 수는 없다.

Handout

광기	악운
트리거	당신이 대미지를 입는다.

당신은 왠지 운수가 사나운 모양이다. 이【광기】가 현재화하고 있는 동안 당신이 입는 대미지가 1점 증가한다.

이 광기를
스스로 밝힐 수는 없다.

Handout

광기	누설
트리거	당신이 정보재해의 영향을 받거나, 이미 받고 있다.

당신은 누군가와 이야기하고 싶다. 비밀을 공유하고 싶다. 이【광기】가 현재화했을 때 당신이 정보재해의 영향을 받고 있다면, 해당 정보재해를 임의의 PC 1명에게 전염시킨다.

이 광기를
스스로 밝힐 수는 없다.

Handout

광기	신경질
트리거	당신이 공포판정에 실패한다.

주위의 모두가 불결해 보인다. 누가 어떤 밈 오염이나 정체 모를 세균을 보유하고 있을지 알 수 없다. 이 【광기】가 현재화한 장면의 다음 장면부터, 마스터 장면 이외의 장면에서 다른 PC와 함께 등장하면 당신은 스트레스를 받아 광기 카드 1장을 획득한다.

이 광기를
스스로 밝힐 수는 없다.

Handout

광기	확산
트리거	당신이 정보재해의 영향을 받거나 이미 받고 있다.

당신은 미디어에 연락할 수단을 몰래 확보했다. 무슨 일이 있어도 세상에 알려야 하는 정보가 있다면 그것을 사용할 생각이다. 이 【광기】가 현재화하면 덱의 모든 【광기】가 사라진다.

이 광기를
스스로 밝힐 수는 없다.

4.05 리포트

『인세인 SCP』의 세션에서는 재단 직원간의 정보 공유를 위해 리포트 시트를 사용합니다.

리포트 시트에는 아래의 항목이 있습니다.

• 잠정 정리번호

재단에서 세션이 일어난 사건에 붙인 정리번호입니다.

이미 특정한 SCP 객체에 결부된 사건이라면「인시던트 XXXXXX-XXXXXX」같은 형식이 될 것입니다. 아직 SCP 넘버가 불명인 상태에서 일어난 괴현상을 조사할 때는 무작위로 번호를 붙입니다. 게임 마스터가 적당히 번호를 준비해도 되지만, 그럴듯한 번호를 바로 만들고 싶을 때는 아래의 표를 사용해도 무방합니다.

잠정 정리번호 작성표로 전체 문자 수를 정하고, 그 수만큼 영어/숫자표를 사용하시기 바랍니다. 하이픈(–)이 부족할 것 같다면 임의로 추가해도 됩니다.

잠정 정리번호 작성표 (1D6)			
1	6글자	4	9글자
2	7글자	5	4글자
3	8글자	6	3글자

영어/숫자표 (D66)							
11	1	22	G	33	P	44	U
12	2	23	I	34	Q	45	V
13	3	24	J	35	S	46	X
14	4	25	K	36	T	55	Y
15	5	26	O			56	Z
16	6					66	–

•참가자

임무에 참가하는 재단 직원의 이름을 씁시다.

여기에 이름을 적어두면 B등급 기억 소거제를 사용한 직원이라도 자신이 이 임무에 참가했다고 확신할 수 있습니다.

•진척

【진척】이란 임무에서 직원 전체가 공유하는 포인트로, 임무의 진도를 나타냅니다.

【진척】은 재단의 지원을 얻기 위해 사용합니다.

임무를 개시했을 때의【진척】은 2입니다.

주로 강제 작성을 통해 리포트에 【비밀】을 제출해서 【진척】을 증가시킵니다.

•프리 스페이스

A4 용지에 리포트 시트를 붙이면, 여백은 프리 스페이스가 됩니다. 임무에 참가한 재단 직원은 이 공간에 다양한 내용을 적습니다.

게임 마스터는 프리 스페이스가 부족할 때를 위해 여분의 종이를 준비해 둘 수도 있습니다.

4.05.01 리포트 시트 사용법

리포트 시트에는 플레이어가 캐릭터의 관점에서 다양한 내용을 적습니다.

리포트 시트 작성에는 임의의 작성과 강제 작성의 두 종류가 있습니다.

4.05.01.01 임의의 작성

플레이어는 세션 중이라면 언제든지 리포트 시트에 원하는 내용을 적을 수 있습니다. 이것을 임의의 작성이라고 부릅니다.

조킹으로 얻은 사건의 단서가 될 만한 정보, 장면에서 일어난 인상 깊은 사건을 내키는 대로 씁시다. 이것을 읽으면 임무 도중에 충원된 캐릭터라도 쉽게 임무의 개요를 파악할 수 있습니다. 또, 기억이 소거되어 사태를 다시 파악해야 하는 경우, 세션을 도중에 중단해서 며칠 후에 내용을 재확인해야 하는 경우에도 사용할 수 있습니다.

세션이 끝난 뒤에 사건을 돌이켜 보기 위한 간이 리플레이라고 할 수 있습니다.

단, 동시에 두 명 이상의 직원이 리포트에 뭔가를 작성했을 때는 절차상의 문제가 발생합니다. 이를 피하기 위해 큼직한 포스트잇을 몇 장 준비해서, 먼저 포스트잇에 내용을 적은 후, 리포트 시트에 붙일 것을 추천합니다.

임의의 작성으로는 핸드아웃의 【비밀】을 리포트에 제출할 수는 없습니다.

4.05.01.02 강제 작성

메인 페이즈의 각 사이클이 끝날 때, 게임 마스터는 직원이 이사관에게 임무의 경과를 보고하는 마스터 장면을 엽니다.

이때, PC는 입수한 【비밀】 중 자기 자신의 【비밀】을 제외한 전부를 리포트에 제출합니다.

핸드아웃을 풀이나 테이프로 붙여버립시다.

이것을 강제 작성이라고 부릅니다.

강제 작성으로 리포트 시트에 【비밀】을 1개 제출할 때마다 PC들은 【진척】을 1점 획득합니다.

특례로 【비밀】에 2점 이상의 【진척】을 얻을 수 있다고 적혀 있을 때도 있습니다. 이것은 시나리오 진행상 특히 중요한 【비밀】입니다.

어느 PC가 먼저 강제 작성을 하는지가 중요할 때는 플레이어끼리 의논해서 임의로 순서를 결정하시기 바랍니다. 특정 PC가 소유한 【비밀】을 리포트에 붙이는 순서 또한 임의로 정할 수 있습니다.

리포트에 제출한 【비밀】은 보안 인가 등급이 2등급 이상인 직원에게 공개됩니다. 해당 【비밀】을 아직 입수하지 못했다면 입수합니다.

D계급 직원이 리포트에 제출된 【비밀】을 알고 싶다면 다른 직원에게 가르쳐달라고 하거나, 어빌리티 【부정열람】을 사용해야 합니다.

리포트로 【비밀】을 입수했다면 「쇼크」란을 무시할 수 있습니다.

전염성이 있는 정보재해가 포함된 【비밀】이 리포트에 제출되면 직원들의 임무를 관리하는 부서에서 대규모 혼란과 피해가 발생합니다. 이때, 덱의 【광기】에서 1D6장을 무작위로 제거합니다.

4.05.03 리포트 시트의 초기 상태

리포트 시트에는 게임 마스터가 처음부터 정보를 적어둘 수 있습니다.

이미 격리된 SCP 객체와 관련된 사건이라면 해당 객체의 취급 방법이나 이제까지 있었던 사건을 참조할 수 있을 것입니다.

4.05.04 리포트 시트의 열람 제한

리포트 시트의 내용은 보안 인가 등급의 보호를 받습니다. 보안 인가 2등급 미만인 직원은 리포트 시트를 볼 수 없습니다.

리포트 시트를 볼 수 없는 직원이라도 내용을 쓸 수는 있고, 강제 작성의 영향은 받습니다. 쓰고 싶은 내용을 적은 포스트잇, 입수한 【비밀】을 더 높은 등급의 직원이나 게임 마스터에게 넘기시기 바랍니다.
또, 게임 마스터는 시나리오 작성 단계에서 초기 상태부터 보안 인가 3등급 이상을 요구하는 정보를 리포트 시트에 실을 수도 있습니다.
이런 정보는 별도의 리포트 시트에 적어두고, 플레이어에게 넘기는 최초의 리포트 시트에는 「그런 정보가 있다」는 것만 적어둡니다.
이 정보는 일반적인 조사판정으로는 손에 넣을 수 없고, 【진척】을 소비해서 누군가의 보안 인가 등급을 높여야만 입수할 수 있습니다.

4.06 보안 인가 등급

캐릭터의 보안 인가 등급은 직업에 따라 정해집니다.

• 현장 요원 / 연구원

현장 요원과 연구원은 C계급 직원이며, 인가 등급은 2입니다. 【진척】을 소비해서 재단의 지원을 받아 특정한 SCP 객체에 관한 인가 등급을 3 이상으로 높일 수 있습니다.
인가 등급의 상승은 설정상으로는 영구적이지만, 게임 규칙에서는 편의상 세션이 끝날 때까지만 유지됩니다.

• D계급 직원과 일반인

D계급 직원과 일반인의 인가 등급은 0이며, 리포트 열람은 할 수 없습니다.
특정한 어빌리티로 인가 등급을 대폭 상승시킬 수 있습니다. 이런 시도가 발각됐을 때 어떻게 대응할지는 현장의 상급 직원에게 일임될 것입니다.
D계급 직원과 일반인은 재단의 지원으로 인가 등급을 올릴 수 없습니다. D계급 직원이 살아남아 【공적점】을 벌어서 C계급 직원이 되면 출신을 불문하고 같은 서비스를 받을 수 있습니다.

4.07 정보재해

정보재해는 핸드아웃의 일종입니다.
특정한 핸드아웃을 조사해서 【비밀】을 보거나, 마스터 장면에 요구받은 판정의 결과가 나빴거나, 조킹의 결과를 받는 등 어떠한 이유로 인해 정보재해의 효과를 받으면, 해당 캐릭터가 정보재해의 【비밀】을 입수함과 동시에 정보재해의 핸드아웃이 공개됩니다.

정보재해의 앞면에는 아무런 정보도 없습니다. 뒷면의 【비밀】에 정보재해의 내용이 적혀 있습니다.

정보재해는 대체로 입수한 캐릭터의 행동을 제한하거나, 기행을 저지르게 한 끝에 목숨을 빼앗는 효과를 일으킵니다.

아래는 정보재해의 효과 예시입니다.

- 특기를 사용할 수 없게 된다.
- 특기 분야를 사용할 수 없게 된다.
- 공포심이 늘어난다.
- 호기심이 늘어난다.
- 아이템 사용을 제한한다.
- 【비밀】의 전달을 방해한다.
- 【비밀】의 리포트 제출을 방해한다.
- 【생명력】을 점점 줄인다.
- 【이성치】를 점점 줄인다.
- 행동을 할 때마다 주위의 캐릭터가 공포판정을 하게 한다.
- 즉사한다.

정보재해의 효과를 받은 캐릭터는 해당 【비밀】의 내용을 거스를 수 없습니다. 스스로 【비밀】을 밝힐 수도 없습니다.

정보재해의 효과를 받았을 때, 캐릭터 시트에 효과의 취지를 적습니다.

보통 정보재해의 【비밀】을 처음 입수한 캐릭터가 해당 효과를 받습니다.

4.07.01 정보재해의 종류

정보재해에는 두 종류가 있습니다.

• 인식재해

이것은 2차 감염을 일으키지 않는 정보재해입니다. 게임 마스터는 「2차 감염을 일으키지 않는다」라고 【비밀】에 명시하시기 바랍니다. 특정한 프라이즈에 접촉한다, 특정한 지역에 침입한다, 특정한 객체와 이야기한다 등의 트리거로 효과를 일으킵니다.

다른 캐릭터는 정보재해의 핸드아웃을 조사해서 【비밀】을 입수하더라도 정보재해의 효과를 받지 않습니다.

• 정보재해

이것은 일반적인 정보재해입니다. 게임 마스터는 「2차 감염을 일으킨다」라고 【비밀】에 명시하시기 바랍니다. 2차 감염을 일으키는 정보재해은 내용 자체가 감염의 트리거입니다.

정보재해의 핸드아웃을 조사해서 【비밀】을 입수하면 해당 효과를 받아버립니다.

4.07.02 정보재해의 취급

정보재해는 핸드아웃이므로 조사판정의 목표로 삼을 수 있습니다.

또, 정보재해의 【비밀】은 누군가가 획득하기만 하면 조사하지 않았더라도 리포트 시트를 강제 작성하는 타이밍에 리포트 시트에 제출됩니다.

4.07.03 정보재해의 무력화

정보재해가 등장하는 세션에서는 플레이어가 아래와 같은 희망사항을 밝힐 것입니다.

- 조사하면 정보재해를 입수하게 되는 핸드아웃을 안전하게 조사하고 싶다.
- 정보재해의 효과를 받은 캐릭터에게서 해당 효과를 없애고 싶다.

전자는 조사판정을 할 때 플레이어가 어떻게 조사를 할지 자세히 설명하면 해결됩니다. 예컨대 대화를 나누면 정보재해에 노출되는 객체를 조사할 때, 대화를 하지 않고 조사하는 방법을 연출함으로써 정보재해의 효과를 받지 않고 핸드아웃의 【비밀】을 입수할 수 있습니다.

이때는 꼼꼼히, 세밀하게 판단해야 합니다. 게임 마스터는 캐릭터가 정보재해의 효과를 피할 수 있을지 공정하게 판단하시기 바랍니다.

후자는 기억을 소거하면 해결될 수도 있습니다. B등급 및 C등급 기억 소거를 하면 정보재해의 효과가 캐릭터에게서 사라질 가능성이 있습니다. 효과가 실제로 사라질지는 기억이 소거된 후에 게임 마스터가 결정합니다.

기억 소거가 정보재해의 효과를 소거하지 못한 경우, 게임 마스터가 시나리오에 따로 구제 수단을 준비하지 않는다면 해당 효과에서 벗어날 수는 없습니다.

4.08 재단의 지원

임무 중인 재단 직원은 다양한 국면에서 재단의 지원을 받을 수 있습니다.

리포트에 따른【진척】점수를 소비하면 아래의 효과를 발생시킬 수 있습니다.

【진척】은 플레이어 모두가 공유하는 자원이므로, 사용할 때는 현장에 있는 C계급 이상의 직원 전원이 합의하거나, (리더가 있다면) 팀의 리더가 승인해야 합니다.

D계급 직원과 일반인은 재단의 지원을 요청할 수 없습니다. 단, C계급 이상의 직원에게 지원을 요청하도록 요구할 수는 있습니다. 재단의 지원 효과 중 일부는 PC를 행동완료 상태로 만들거나 마스터 장면을 발생시킵니다.

4.08.01 A등급 기억 소거

【진척】 소비: 0~3

가스 상태의 기억 소거제를 사용합니다. PC는 행동완료 상태가 되지 않습니다. 재단 직원 및 중요한 NPC는 가스마스크나 괴현상, 특수한 훈련 등으로 기억 소거의 영향을 피할 수 있습니다.

이 효과를 요청하려면 C계급 이상의 직원이 최소한 1명은 자유로운 몸이어야 합니다. 구속, 감금 등으로 외부와의 연락이 끊겼다면 이 지원을 요청할 수 없습니다.

이 효과를 발생시키면 목표 일반인은 몇 분간 기절하며, 그 사이에 최대 12시간의 기억을 잃습니다.

목표 일반인의 수에 따라 필요한【진척】이 달라집니다.

목표가 한 명이라면 소비하는 【진척】은 0입니다. 휴대 중인 소형 스프레이를 뿌립니다.

목표가 방 하나라면 소비하는 【진척】은 1입니다. 휴대 중인 가스 수류탄을 사용합니다.

목표가 건물 하나라면 소비하는 【진척】은 2입니다. 대형 가스 주입 장비를 갖춘 재단의 작전 차량이 파견되어 송풍기나 송풍관을 이용해 내부에 가스를 채웁니다.

목표가 작은 마을 정도의 영역이라면 소비하는 【진척】은 3입니다. 항공기로 A등급 기억 소거제를 살포합니다.

4.08.02 보안 인가 등급 상승

【진척】 소비: 3~4

재단 상층부를 움직여 C계급 직원 한 명의 보안 인가 등급을 상승시킵니다. PC는 행동완료 상태가 되지 않습니다.

이 효과를 요청하려면 C계급 이상의 직원이 최소한 1명은 자유로운 몸이어야 합니다. 구속, 감금 등으로 외부와의 연락이 끊겼다면 이 지원을 요청할 수 없습니다.

상승 전의 인가 등급에 따라 필요한 【진척】이 달라집니다.

인가 등급을 2에서 3으로 상승시킬 때 소비하는 【진척】은 3입니다.

인가 등급을 3에서 4로 상승시킬 때 소비하는 【진척】은 4입니다.

4.08.03 아이템 지급

【진척】 소비: 1~

재단 상층부를 움직여 최초에 받은 것에 더해 추가로 아이템을 받습니다. PC는 행동완료 상태가 되지 않습니다.

이 효과를 요청하려면 C계급 이상의 직원이 최소한 1명은 자유로운 몸이어야 합니다. 구속, 감금 등으로 외부와의 연락이 끊겼다면 이 지원을 요청할 수 없습니다.

받을 아이템의 종류와 수를 결정하고, 그 합계에 대응하는 점수의 【진척】을 소비합니다.

기폭장치는 1개당 【진척】 1점, 무기는 【진척】 3점, 그 밖의 아이템은 모두 【진척】 2점입니다. 아이템은 재단의 배달원이 가져다줄 때도 있고, 근처에 있는 재단의 보관소를 사용할 권리를 받아 그곳에서 가져와야 할 때도 있습니다. 처음부터 가지고 있었다고 해도 됩니다. 상황에 따라 원하는 대로 연출하시기 바랍니다.

4.08.04 직원 충원

【진척】 소비: 1~5

재단 상층부를 움직여 새로운 직원을 충원합니다. 캐릭터가 사망했을 때 사용하는 효과입니다. PC는 행동완료 상태가 되지 않습니다.

이 효과를 요청한 사이클이 끝날 때 마스터 장면이 발생하며, 그때 새로운 캐릭터를 제작합니다.

이 효과를 요청하려면 C계급 이상의 직원이 최소한 1명은 자유로운 몸이어야 합니다. 구속, 감금 등으로 외부와의 연락이 끊겼다면 이 지원을 요청할 수 없습니다.

【진척】 1점으로 막 작성한 캐릭터 1명이 충원됩니다. 사망한 캐릭터의 플레이어는 다음 사이클부터 새로운 캐릭터를 사용해서 세션에 복귀할 수 있습니다.

【진척】을 더 소비해서 충원된 캐릭터의 능력을 상승시킬 수 있습니다. 자세한 것은 「리트라이」를 참조하시기 바랍니다.

4.08.05 기술자 파견

【진척】 소비: 1

재단 직원인 NPC 기술자 1명을 현장에 파견합니다. PC는 행동완료 상태가 되지 않습니다.

이 효과를 요청하려면 C계급 이상의 직원이 최소한 1명은 자유로운 몸이어야 합니다. 구속, 감금 등으로 외부와의 연락이 끊겼다면 이 지원을 요청할 수 없습니다.

기술자는 임의의 특기를 하나 습득하고 있습니다. 이름표 등을 사용해서 이름을 정하고, 습득한 특기를 결정하시기 바랍니다. 이 효과를 요청한 장면 이후, 직원들은 기술자가 습득한 특기가 지정특기인 판정을 할 때 기술자에게 도움을 요청하여 목표치 5로 행동판정을 할 수 있습니다.

이 판정이 실패하면 기술자는 사망합니다.

기술자는 이 효과를 요청한 장면이 끝난 뒤라면 게임 마스터가 정한 임의의 타이밍에 괴현상으로 죽을 수가 있습니다.

4.08.06 격리 전문가 파견

【진척】 소비: 2

재단 직원인 격리 전문가 1명 또는 한 팀을 현장에 파견합니다. PC는 행동완료 상태가 되지 않습니다.

이 효과를 요청하려면 C계급 이상의 직원이 최소한 1명은 자유로운 몸이어야 합니다. 구속, 감금 등으로 외부와의 연락이 끊겼다면 이 지원을 요청할 수 없습니다.

격리 전문가의 이름이나 팀명을 임의로 결정합시다.

이 효과를 요청한 장면 이후, 직원들은 정보재해 또는 SCP 객체를 안전하게 취급하기 위한 판정이나 무력화하는 판정에 +1의 수정을 적용합니다. 수정이 적용될지는 최종적으로 게임 마스터가 판단합니다.

이 수정은 누적되지 않습니다.

이 판정이 실패하면 격리 전문가는 사망합니다.

또, 격리 전문가를 상대로 조킹을 해서 SCP 객체를 안전하게 취급하는 방법이나 무력화하는 방법에 관한 힌트를 얻을 수 있을지도 모릅니다.

격리 전문가는 이 효과를 요청한 장면이 끝난 뒤라면 게임 마스터가 정한 임의의 타이밍에 괴현상으로 죽을 수가 있습니다.

4.08.07 보안 담당관 파견

【진척】 소비: 2

무장한 보안 담당관을 1명 불러서 호위를 받습니다. PC는 행동완료 상태가 되지 않습니다.

SCP 재단이 관리하는 격리 기지나 그와 유사한 재단 시설에서만 요청할 수 있습니다.

보안 담당관의 이름을 임의로 결정합시다.

또, 그 보안 담당관이 지키는 직원을 1명 결정합니다.

이 효과를 요청한 장면 이후, 보호를 받는 직원의 【생명력】과 공격의 대미지가 각각 2점 증가합니다.

이 【생명력】과 대미지의 증가는 누적되지 않습니다.

보호받는 직원이 2점 이상의 대미지를 받은 상태가 되면 보안 담당관은 사망하며, 대미지 증가 효과도 함께 사라집니다.

보안 담당관이 지켜주는 상태에서 재단 시설을 나오는 경우, 보안 담당관이 지켜주는 상태가 계속될지는 상황에 맞춰 게임 마스터가 판단합니다. 보통은 계속되지 않습니다.

4.08.08 전술반 파견

【진척】 소비: 4

전투 훈련을 받은 무장 직원을 파견케 하여 호위를 받습니다. 메인 페이즈 중의 주요 행동으로 간주하여 장면 플레이어의 PC가 행동완료 상태가 되므로, 행동이 끝난 뒤에는 이 효과를 요청할 수 없습니다.

전술반은 재단 상층부의 판단으로 파견될 수도 있으므로 따로 연락할 필요가 없습니다. 절체절명의 상황에서 합류할 수도 있습니다. 그 정도로 다급한 상황이 아니라면 그냥 재단 상층부에 파견을 요청할 수도 있습니다.

전술반의 이름을 결정합니다. 적당히 지어도 되지만, 아래의 표를 사용할 수도 있습니다.

전술반 이름 결정표 (1D6)			
1	레드셔츠	4	라이트풋
2	리브케이지	5	파트타이머
3	모호크	6	앤초비

이 효과를 요청한 장면에 등장한 PC 전원에게 보안 담당관 파견 때와 같은 효과가 발생합니다.

【생명력】과 대미지 증가는 누적되지 않습니다.

전술반은 PC의 판단에 따르며, 독자적인 판단으로 사라지지 않습니다.

4.08.09 전투부대 파견

【진척】 소비: 6

재단의 기동특무부대 중에서도 전투 임무를 주로 맡는 부대의 파견을 요청해서 전투를 유리하게 이끕니다. 이 효과의 요청은 메인 페이즈 중의 주요 행동으로 간주하며, 장면 플레이어의 PC는 행동완료 상태가 됩니다. 이 효과를 요청한 장면이 끝나면 전투부대가 도착하는 마스터 장면이 발생합니다.

전투부대는 현지의 경찰이나 군부대로 위장합니다.

전술반과 마찬가지로 연락 수단은 필수가 아닙니다.

전투부대의 이름을 결정합시다. 적당히 지어도 되지만, 아래의 표를 사용할 수도 있습니다.

전투부대 이름 결정표 (1D6)			
1	이오타-17「앰비언트」	4	이오타-21「빅 비트」
2	이오타-19「트랜스」	5	이오타-22「미니멀」
3	이오타-20「일렉트로」	6	이오타-23「하우스」

전투부대가 파견된 상태에서 메인 페이즈의 장면이 시작된 경우, 장면 플레이어의 캐릭터가 내리는 판단에 따라 장면에 등장한 SCP 객체의 파괴를 시도할 수 있습니다.

이 파괴의 성공 여부는 게임 마스터의 판단에 맡깁니다.

SPC 객체가 아닌, 일반적으로 파괴할 수 있는 것이나 죽일 수 있는 것은 모두 파괴 및 살해할 수 있습니다.

전투부대가 파견된 상태에서 클라이맥스 페이즈의 전투가 시작한 경우, 전투부대의 효과로 다음 중 하나를 선택할 수 있습니다.

이 효과는 누적되지 않습니다.

- 전투가 끝날 때까지 에너미 전원의 회피판정에 -2의 수정을 적용한다.
- 전투가 끝날 때까지 PC 전원이 입히는 대미지가 1D6 증가한다.
- 에너미 전원은 첫 라운드에 행동할 수 없다.

어느 효과를 선택했든 간에, 그 후 기동특무부대는 객체의 효과에 대처하거나 일반인을 경호하느라 다른 일을 하지 못하게 됩니다.

4.08.10 커버 스토리

【진척】 소비: 3

세션 중에 재단 직원의 활동이나 SCP 객체가 일으킨 괴현상을 일반 시민이 목격했고, 수습에 실패한 경우에 필요해지는 효과입니다. 메인 페이즈 중의 주요 행동으로 간주하며, 장면 플레이어의 PC는 행동완료 상태가 됩니다.

진실이 유포되는 것을 막고자 재단이 준비한 그럴듯한 이야기를 소문이나 대중매체를 이용해 유포해서 진실을 감춥니다.

이 효과로 PC가 유리해질 만한 측면은 없지만, 필요한 상황에서 사용하지 않으면 재단의 평가가 안 좋은 쪽으로 기울 것입니다.

4.09 C등급 기억 소거

세션 중에 【광기】가 현재화하거나 정보재해의 영향을 받은 PC는 「후유증」 판정(기본 227페이지) 후에 재단의 기억 소거를 받을 수 있습니다.

C등급 기억 소거는 선언하기만 하면 최대 4회까지 받을 수 있습니다. 며칠간의 기억을 잃고, 후유증 판정 실패로 늘어난 【공포심】을 없앨 수 있습니다.

또, 기억 소거로 효과를 없앨 수 있는 정보재해의 효과가 사라집니다.

C등급 기억 소거를 5회 이상 했거나 기억 소거로 효과를 없앨 수 없는 정보재해에 감염되었다면 해당 캐릭터를 잃습니다.

4.10 리트라이

『인세인 SCP』에서는 PC가 기존의 『인세인』보다 더 잘 죽습니다.

하지만 기다려보세요. 당신의 PC가 죽어도 당신의 세션은 끝나지 않습니다. 【진척】이 있는 한 PC를 몇 번이든 다시 만들어서 세션에 복귀할 수 있습니다.

아래에는 PC가 사망했을 때 할 일에 관한 규칙이 적혀 있습니다.

4.10.01 사망했을 때의 처리

PC가 사망했을 때 【광기】를 획득하고 있었다면 해당 【광기】는 버립니다. 또, 사망한 PC가 가지고 있던 아이템은 사라집니다. 프라이즈나 SCP 객체는 사라지지 않고 아무도 소유하지 않은 상태가 됩니다.

사망한 PC의 핸드아웃은 테이블 위에 남습니다. 나중에 누군가가 조사할 수도 있습니다.

PC가 사망한 사이클에서 모든 PC가 행동을 마치면, 그 직후에 재단의 지원인 「직원 충원」이 이루어지는 마스터 장면이 발생합니다.

이때 【진척】이 0점이라면 해당 마스터 장면은 발생하지 않습니다.

4.10.02 직원 충원 처리

PC가 사망한 플레이어는 각자 직원을 충원합니다. 【진척】 1점을 소비하면 캐릭터 제작 규칙에 따라 새로 만든 PC를 자신의 새 PC로 삼아 세션에 복귀할 수 있습니다.

이때, 게임 마스터가 작성한 시나리오의 직업 제한에 주의하시기 바랍니다.

PC는 완전히 새로 만들어도 되지만, 실제로는 일부 특기나 어빌리티만 변경해서 죽은 PC를 재활용하는 경우가 많을 것입니다. 이러면 시간도 아낄 수 있습니다.

새로운 PC는 【진척】을 추가로 소비해서 강화할 수 있습니다.

【진척】을 1점 더 소비할 때마다 새로운 PC의 【생명력】 현재치와 최대치가 1 증가합니다.

【진척】을 1점 더 소비할 때마다 가지고 있는 아이템의 수가 1개 늘어납니다.

각각의 강화는 두 번까지 할 수 있습니다. 가장 「비싼」 새 PC는 【진척】 5점입니다.

이때, 새로운 PC에게 얼마나 【진척】을 사용할지는 플레이어끼리 상담해서 결정하시기 바랍니다. 또, 새로운 PC는 핸드아웃이나 【비밀】을 가지지 않지만, 사망한 PC의 핸드아웃 앞면에 적힌 【사명】을 이어받습니다.

4.10.03 정보의 처리

사망한 PC만이 가지고 있던 핸드아웃이나 정보재해의 【비밀】은 조사하지 않은 것으로 간주하여 테이블 위로 되돌립니다.

사망한 PC의 플레이어는 해당 내용을 언급할 수 없습니다. 하지만 자기 PC의 행동을 선택할 때 플레이어가 아는 것을 반영하는 것은 문제없습니다.

4.10.04 전멸

PC가 모두 사망하면 전멸로 처리합니다.

사이클 마지막에 직원을 충원할 수 있는 상태라도 마찬가지입니다.

또, C계급 직원과 D계급 직원이 존재하는 세션에서 C계급 직원이 전부 사망하고 D계급 직원만이 살아남았을 때도 역시 전멸로 처리합니다.

D계급 직원이 사명감에 눈을 떠 임무의 속행을 바란다면 이야기는 다르지만, 이것은 플레이어의 판단에 맡깁니다.

4.10.05 전멸 후

전멸이 발생한 경우, 게임 마스터가 같다면 리포트 시트를 계승해서 새로운 세션을 개시할 수 있습니다.

이때, 【진척】이 2 이하라면 2가 됩니다.

게임 마스터는 전멸이 발생하고 나서 며칠 뒤에 기존의 리포트를 이어받아 다른 플레이어들과 세션을 플레이할 수도 있습니다.

4.11 재단의 평가

후유증 판정 처리가 끝난 뒤에는 「공적점 획득」(기본 228페이지)에 따라 공적점을 획득합니다.

각자의 공적점이 결정되면 게임 마스터는 재단의 평가를 결정합니다.

세션이 끝나는 시점에서 재단에 재적하지 않은 PC, 또는 배신하고 도망친 PC에겐 평가를 내리지 않습니다.

아래의 항목을 참조하시기 바랍니다.

• **【진척】**

세션이 끝날 때의【진척】은 그대로 공적점이 됩니다.

【진척】을 PC의 수로 나누고, 소수점 이하를 버립니다. 그 수치가 각 PC가 획득하는 공적점입니다.

• **SCP 객체 확보**

PC들이 SCP 객체를 확보했다면 각 PC에게 공적점 1점이 가산됩니다.

• **SCP 객체 격리**

세션 내에 격리위반이 발생했고, 그것을 해결했다면 각 PC에게 공적점 1점이 가산됩니다.

• **SCP 객체 보호**

세션 내에서 SCP 객체를 탈취 또는 파괴하려는 세력이 등장했고, 그 시도를 미연에 방지했다면 각 PC에게 공적점 1점이 가산됩니다.

• **SCP 객체 파괴**

세션 내에서【사명】이외의 이유로 SCP 객체를 파괴한 PC는 공적점이 6점 감소합니다.

• **일반시민에 대한 취급**

세션 내에서 일반시민을 다치게 하거나 죽인 PC는 공적점이 3점 감소합니다.

여러 명의 일반시민이 다치거나 죽었다면 4점 감소합니다.

• **정보 유출**

일반사회에 SCP 객체의 정보를 유출하고 커버 스토리를 준비하지 못한 경우, PC 전원의 공적점이 6점 감소합니다.

• **가학적인 행위**

D계급 직원에게 무의미한 죽음이나 부상을 강요한 C계급 이상의 직원은 공적점이 6점 감소합니다.

- **직원의 죽음**

세션 중에 사망한 PC의 수만큼 PC 전원의 공적점이 감소합니다.

- **확보 실패**

PC들이 괴현상을 일으킨 객체를 발견했으면서도 확보에 실패했을 때, 【사명】으로 지정되어 있거나 애초에 확보할 수 없는 경우가 아니라면 PC 전원의 공적점이 4점 감소합니다. 「SCP 객체 확보」와 「확보 실패」는 동시에 발생할 수가 있습니다.

- **격리 실패**

PC들이 SCP 객체를 일반 사회에 유출해버렸을 때, 그것이 【사명】인 PC를 제외한 나머지 PC 전원의 공적점이 4점 감소합니다.
「SCP 객체 격리」와 「격리 실패」는 동시에 발생할 수가 있습니다.

- **보호 실패**

PC들이 SCP 객체를 적대 세력에게 빼앗기거나 파괴당했을 때, 그것이 【사명】인 PC를 제외한 나머지 PC 전원의 공적점이 4점 감소합니다.
「SCP 객체 보호」와 「보호 실패」는 동시에 발생할 수 있습니다.

4.11.01 공적점의 부족

재단의 평가를 처리한 결과, PC의 공적점이 0점 미만이 될 때가 있습니다.
C계급 직원의 공적점이 0 미만이 되면 해당 캐릭터의 직업은 D계급 직원으로 변경됩니다. 그때까지의 직업으로 습득한 어빌리티는 없어지며, 없어진 어빌리티의 수만큼 D계급 직원의 어빌리티를 다시 선택합니다.
D계급 직원의 공적점이 0점 미만이 되면 해당 직원은 재단에게 처분됩니다. 캐릭터 시트를 파기합니다.

4.11.02 성장

『인세인 SCP』의 캐릭터는『인세인』과 마찬가지로 성장할 수 있습니다.

또, D계급 직원은 공적점을 8점 소비해서 C계급 직원이 될 수 있습니다. 「직업」을 현장 요원이나 연구원으로 변경하고, 인가 등급이 높아집니다. 이때 D계급 직원의 어빌리티를 파기하고 새로운 직업의 어빌리티로 변경할 수 있습니다만, 그러지 않아도 상관없습니다.

4.12 에너미

아래에 추가 에너미를 소개합니다. 에너미의 각종 스테이터스에 관해서는 기본 244페이지를 참조하시기 바랍니다.

SCP-049 흑사병 의사

위협도 6 **속성** 생물/괴이 **생명력** 24

호기심 지식 **특기** 《절단》, 《촉감》, 《의학》, 《인류학》, 《죽음》

어빌리티 **【기본공격】 공격 《의학》**

【죽음의 손】 장비 이 에너미와 버팅하거나 이 에너미의 공격에 대한 회피판정에 실패한 캐릭터는 사망한다.

【소생수술】 장비 장면에 등장한 캐릭터 중 이 에너미 이외의 전원이 사망했을 때 효과를 발휘한다. 사망한 캐릭터는 걸어 다니는 시체(기본 249페이지)가 된다.

해설 *15, 6세기 유럽의 흑사병 의사와 매우 유사한 풍모의 생물. 주위에서 누군가가 죽을 때까지는 고분고분한 태도를 보인다. 일단 사망자를 발견하면 주위의 인간을 몰살하고 소생 수술을 한다.*

SCP-055 정체불명

위협도 불명 **속성** 불명 **생명력** 불명

호기심 불명 **특기** 불명

어빌리티 **【기본공격】 공격 《불명》**

가이드라인으로 지정된 어빌리티 외에 SCP-055가 어떤 능력이 있는지는 알 수 없다.

해설 *자기보호 기밀. 혹은 항밈. SCP-055에 관한 본질적인 정보는 자동으로 은폐되고 기억에서 지워진다. SCP-055가 「~가 아니다.」라는 사실을 수집하는 것이 중요하다.*

SCP-076-2 아벨

위협도 8 **속성** 생물/괴이 **생명력** 64

호기심 정서 **특기** 《파괴》, 《노여움》, 《고통》, 《함정》, 《교양》, 《시간》

어빌리티 **【기본공격】 공격 《노여움》**

【흑색 검】 공격 《파괴》 목표 1명을 선택하고 명중판정을 한다. 명중판정이 성공하고 목표가 회피판정에 실패하면 목표는 사망한다.

【석관】 장비 이 에너미는 사망하면 SCP-076-1의 안으로 전송되며, 그곳에서 6시간에서 25년 이내에 재생하여 부활한다.

【아벨의 광란】 장비 전투 중에 자기 차례가 됐을 때, 그 시점에서 전투에 참가하고 있는 적 캐릭터의 수만큼 행동을 한다.

해설 *20대 후반의 깡마른 셈족 남성처럼 보이는 생물. 입방체의 바위와 그 안의 석관(石棺)으로 구성된 SCP-076-1의 내부에서 휴면 상태에 빠져 있는데, 비정기적으로 눈을 떠 인간을 살육하려 든다.*

SCP-087-1 계단의 누군가

위협도 3 **속성** 괴이/현상 **생명력** 9

호기심 지각 **특기** 《추적》, 《혼돈》, 《암흑》, 《지저》

어빌리티 **【소리도 없이】 서포트 《추적》** 지원행동. 지정특기 판정에 성공하면 자신을 원하는 속도로 이동시키고 행동완료 상태가 된다.

【무서운 얼굴】 장비 이 에너미를 공격할 수는 없다. 또, 이 에너미와 전투 중인 PC는 행동 순서가 돌아올 때마다 광기 카드를 1장 뽑는다. 이 에너미와 같은 속도에 있다면 광기 카드를 1장 더 뽑는다.

해설 *아래를 향해 끝없이 이어지는 계단 SCP-087에 출현하는, 어둠 속에서 나타나는 눈과 코뿐인 존재. 만나면 강렬한 의심과 공포에 사로잡힌다.*

SCP-096 부끄럼쟁이

위협도 4 **속성** 생물/괴이 **생명력** 13

호기심 지각 **특기** 《파괴》, 《추적》, 《효율》, 《죽음》

어빌리티 **【기본공격】 공격 《추적》**

【부끄럼쟁이의 얼굴】 장비 이 에너미는 자신의 얼굴을 본 캐릭터의 【거처】를 획득한다.

【추적 중】 장비 이 에너미가 【부끄럼쟁이의 얼굴】로 【거처】를 획득한 캐릭터가 살아있다면, 이 에너미는 대미지를 입지 않는다. 또, 이 에너미가 【부끄럼쟁이의 얼굴】로 【거처】를 획득한 캐릭터가 살아있다면, 이 에너미가 입히는 대미지는 무한대가 된다.

해설 *얼굴을 본 자를 반드시 죽이는, 말라빠진 인간형 객체. 일반 사회에는 아직 SCP-096의 얼굴을 찍은 매체가 존재하는 것으로 보인다.*

SCP-106 늙은이

위협도 5 **속성** 생물/괴이 **생명력** 16

호기심 폭력 **특기** 《고문》, 《그늘》, 《함정》, 《꿈》

어빌리티 **【기본공격】 공격 《죽음》**

【주머니 차원】 서포트 《꿈》 【생명력】에 1점이라도 대미지를 입은 캐릭터 1명을 목표로 선택하고 지정특기 판정을 한다. 판정이 성공하면 목표와 이 에너미는 전투에서 퇴장한다. 목표는 이공간에서 며칠간 농락당하다가 결국 사망할 것이다.

【부식】 장비 이 에너미가 만진 아이템은 붕괴하고, 생물이라면 1점의 대미지를 입는다. 물건을 부딪거나 베는 등의 공격은 효과가 없다.

해설 *검은 점액을 두르고, 사물을 부식시키는 노인 모습의 객체. SCP-106이 지배하는 주머니 차원은 황량한 복도와 방의 연속이며, 희생자는 그곳에서 며칠에 걸쳐 사냥당한다.*

SCP-1370 페스터봇

위협도 1 **속성** 괴이/기물 **생명력** 3

호기심 폭력 **특기** 《슬픔》, 《기계》, 《교양》

어빌리티 **【기본공격】 공격 《기계》**
【무력함】 장비 이 에너미의 공격은 명중판정이 스페셜로 성공하지 않는 한 효과가 없다.
【과장스러운 말투】 장비 이 에너미는 위협을 되풀이한다. 이 에너미와 처음으로 만난 PC는《협박》으로 공포판정을 한다.

해설 *키가 인간의 절반 정도인 로봇. 움직임은 느리고, 무장도 없다. 무언가를 파손할 만한 힘도 없지만, 말하는 내용만큼은 거창해서 오싹한 기분이 든다.*

SCP-1440 어디에서도 오지 않은 노인

위협도 2 **속성** 생물/괴이 **생명력** 6

호기심 지식 **특기** 《인내》, 《역사》, 《시간》

어빌리티 **【기본공격】 공격 《역사》**
【파멸인가 방랑인가】 장비 이 에너미와 1D6일 이상 접촉한 인간이나 건물, 물품은 비참한 과정을 거쳐 사망하거나 파괴된다. 이 에너미와 소지품은 이 효과의 영향을 받지 않는다.

해설 *인종, 민족, 연령을 알 수 없는 남성. 자신이 가진 이상한 영향력을 자각하고 있어서 세계를 떠돌고 있다. 되도록 폭력은 휘두르지 않으려고 한다.*

SCP-1867 신사

위협도 1 **속성** 생물/괴이 **생명력** 1

호기심 정서 **특기** 《전쟁》, 《생물학》, 《교양》, 《인류학》, 《민속학》

어빌리티 【기본공격】 공격 《전쟁》

해설 *텔레파시로 대화하며, 자신을 영국인 탐험가이자 박물학자인 "시어도어 토마스 블랙우드 경"이라고 칭하는 갯민숭달팽이. 재단에 대해 협력적.*

SCP-504 비평가 토마토

위협도 1 **속성** 기물/괴이 **생명력** 1

호기심 정서 **특기** 《웃음》, 《교양》

어빌리티 **【공격적 비판】 장비** 이 에너미와 같은 장면에 등장한 캐릭터가 재미없는 농담을 소리 내어 말했을 때, 게임 마스터는 원하는 만큼 주사위를 굴리고 그 합계만큼의 대미지를 해당 캐릭터에게 입힌다. 그 후, 이 에너미는 사망한다.

해설 *SCP-504는 토마토의 품종으로, 위의 에너미 데이터는 표준 크기의 열매 하나에 해당한다. 이 열매는 재미없는 농담을 한 자를 향해 날아가거나 폭발해서 파편을 퍼붓는다.*

SCP-682 죽일 수 없는 파충류

위협도 10 **속성** 생물/괴이 **생명력** 682

호기심 폭력 **특기** 《협박》, 《구타》, 《찌르기》, 《원한》, 《냄새》, 《종말》

어빌리티 **【기본공격】 공격 《찌르기》**

【재생능력】 장비 각 라운드가 시작할 때 【생명력】을 30점 회복한다. 이 효과는 이 에너미가 사망해도 발휘된다. 단, 사망한 상태로 시작한 라운드에는 행동할 수 없다.

【적응능력】 장비 이 에너미를 어빌리티로 공격한 경우, 해당 효과를 한 번 받은 후에는 같은 효과를 두 번 다시 받지 않게 된다. 또, 해당 어빌리티를 습득할 수 있다.

해설 *지능이 높은 파충류이며, 모든 생물에 대해 극도로 적대적. 재단이 파괴하겠다고 결심한 몇 안 되는 SCP 객체 중 하나.*

SCP-999 간지럼 괴물

위협도 2 **속성** 생물/괴이 **생명력** 4

호기심 정서 **특기** 《기쁨》, 《촉감》, 《냄새》, 《소리》

어빌리티 **【기본공격】 공격 《기쁨》**

【행복감】 장비 이 에너미와 접촉한 캐릭터는 그 후 1D6 장면 동안 스트레스를 받지 않는다. 또, 현재화하지 않은 【광기】를 모두 버린다.

해설 *슬라임 상태의 생물이며 주식은 과자. 이야기를 나눌 수는 없으나 모든 생물, 특히 인류를 깊이 사랑하는 모습을 보인다.*

혼돈의 반란 소속 테러리스트

위협도 2 **속성** 생물 **생명력** 7

호기심 지각 **특기** 《사격》, 《놀람》, 《병기》, 《화학》

어빌리티 **【기본공격】 공격 《사격》**

【객체 탈취】 서포트 《놀람》 지원행동. 지정특기 판정을 해서 성공하면, 적대적이지 않고 위치를 옮길 수 있는 SCP 객체를 하나 선택해서 입수한다. SCP 객체를 PC가 소지하고 있을 때는 자신과 SCP 객체를 소유한 자의 속도 차이만큼 판정에 마이너스 수정이 적용된다.

해설 *SCP 재단의 분파이자 사리사욕을 위해 SCP 객체를 남용하는 혼돈의 반란에 소속된 전투원. 괴현상이 발생한 현장에서 만날 가능성이 있다.*

혼돈의 반란 소속 스파이

위협도 2 **속성** 생물 **생명력** 5

호기심 지식 **특기** 《소각》, 《추적》, 《약품》, 《교양》

어빌리티 **【기본공격】 공격 《추적》**

【전투 기억 소거】 서포트 《약품》 지원행동. 캐릭터 1명을 목표로 지정특기 판정을 한다. 판정이 성공하면 목표는 B등급 기억 소거의 효과를 받고 행동불능이 된다.

해설 *혼돈의 반란 소속이면서 재단 내의 지위 또한 보유하고 있는 배신자. 가치가 있는 SCP 객체를 입수할 기회가 찾아왔을 때 정체를 드러낸다.*

부서진 신의 교단 신도

위협도 2 **속성** 생물 **생명력** 5

호기심 괴이 **특기** 《포박》,《친애》,《기계》,《수학》

어빌리티 **【기본공격】 공격 《친애》**

【재해 내성】 장비 정보재해나 SCP 객체의 심리적 영향에 인한 효과를 받았을 때 1D6을 굴린다. 주사위 눈이 2 이상이라면 해당 효과를 받지 않는다.

해설 *SCP 객체를 신의 일부라고 믿고 수집하여 복원하려는 컬트의 일원. SCP 객체의 효과 전반에 대해 정체 모를 저항력이 있다.*

부서진 신의 교단 사제

위협도 4 **속성** 생물 **생명력** 14

호기심 괴이 **특기** 《전쟁》,《기쁨》,《친애》,《기계》,《수학》

어빌리티 **【기본공격】 공격 《기계》**

【재해 내성】 장비 정보재해나 SCP 객체의 심리적 영향에 인한 효과를 받았을 때 1D6을 굴린다. 주사위 눈이 2 이상이라면 해당 효과를 받지 않는다.

【SCP-217】 장비 육체가 기계로 치환되어 모든 대미지를 2점 감소한다. 이 어빌리티는 버팅한 인간 캐릭터에게 감염된다. SCP-217에 감염된 재단 직원은 격리된다.

해설 *부서진 신의 교단에 소속된 간부급 구성원. 「태엽장치 바이러스」로 육체가 완전히 기계화 했다.*

GOC의 집행관

위협도 2 **속성** 생물 **생명력** 6

호기심 괴이 **특기** 《소각》,《사격》,《추적》,《약품》

어빌리티 **【기본공격】 공격 《사격》**

【객체 탈취】 서포트 《추적》 지원행동. 지정특기 판정을 해서 성공하면, 적대적이지 않고 위치를 옮길 수 있는 SCP 객체를 하나 선택해서 입수한다. SCP 객체를 PC가 소지하고 있을 때는 자신과 SCP 객체를 소유한 자의 속도 차이만큼 판정에 마이너스 수정이 적용된다.

해설 *세계 오컬트 연합(약칭 GOC)의 요원. 위험한 SCP 객체를 재단의 손에서 빼앗아 파괴하는 역할을 맡고 있다.*

GOC의 마술사

위협도 4 **속성** 생물/괴이 **생명력** 12

호기심 지식 **특기** 《소각》,《걱정》,《약품》,《고고학》,《마술》

어빌리티 **【기본공격】 공격 《마술》**

【유혹】 서포트 《걱정》

【금주】 공격 《마술》 목표를 1명 선택해서 명중판정을 한다. 명중판정이 성공하고 목표가 회피판정에 실패하면, 목표의 행동에서 공격, 서포트, 탈락 중 하나를 지정해 해당 행동을 그 전투 동안 금지할 수 있다. 목표가 금지된 행동을 시도하면 행동 직전에 2D6의 대미지를 입는다.

해설 *세계 오컬트 연합에 소속된 마술사. 위험한 마술에 관련된 SCP 객체의 주위에 나타나 그것을 파괴하려 한다.*

GOC의 과학자

위협도 4 **속성** 생물 **생명력** 14

호기심 기술 **특기** 《소각》, 《인내》, 《효율》, 《생물학》, 《역사》

어빌리티 **【기본공격】 공격 《효율》**
【연구】 서포트 《생물학》
【봉인】 공격 가변

해설 *세계 오컬트 연합에 소속된 비주류 분야의 과학자. SCP 객체에 대한 재단과 GOC의 의견이 일치했을 때는 협력할 수도 있을 것이다.*

GOC의 사제

위협도 5 **속성** 생물/괴이 **생명력** 20

호기심 괴이 **특기** 《소각》, 《제육감》, 《약품》, 《천문학》, 《우주》

어빌리티 **【기본공격】 공격 《우주》**
【감싸기】 서포트 《제육감》
【소환】 공격 가변

해설 *세계 오컬트 연합에 소속된 고위 성직자. 위험한 SCP 객체로부터 인류를 구하고자 우주에서 무언가를 소환하며 덤벼든다.*

지평선 구상의 병사

위협도 2 **속성** 생물 **생명력** 7

호기심 정서 **특기** 《매장》, 《슬픔》, 《탈것》, 《민속학》

어빌리티 **【기본공격】 공격 《탈것》**
【장갑】 장비

해설 *지평선 구상은 주요 아브라함계 종교의 신도들로 구성된 비밀 조직으로, 그들의 주력 무장 세력인 프로젝트 말레우스의 요원은 해당 종교에 관련된 SCP 객체의 주변에서 목격된다.*

지평선 구상의 장교

위협도 4 **속성** 생물 **생명력** 15

호기심 폭력 **특기** 《전쟁》, 《슬픔》, 《정리》, 《탈것》, 《민속학》

어빌리티 **【기본공격】 공격 《탈것》**
【장갑】 장비
【지원요청】 서포트 《전쟁》 지원행동. 지정특기 판정을 해서 성공하면, 속도 6에 지평선 구상의 병사를 둘 등장시킨다. 등장한 에너미는 다음 라운드부터 행동한다.

해설 *프로젝트 말레우스의 장교나 병사들은 부서진 신의 교단을 적대한다. 상황에 따라서는 믿음직한 아군이 되어 함께 싸울 수도 있을 것이다.*

시나리오 파트

「사건 기록」

Anomaly Incidents

시나리오 「쇼핑센터의 참극」

이 시나리오는 『인세인 SCP』용 「확보」 타입 샘플 시나리오입니다. PC끼리 협력해서 미지의 SCP 객체에 맞섭시다.

● 시나리오의 무대

이번 시나리오의 무대는 미국의 도시 교외에 있는 쇼핑센터입니다.

이 시나리오에서는 장면표를 사용하지 않습니다. 묘사가 필요할 때는 핸드아웃이나 점포 리스트의 점포명을 바탕으로 상상해봅시다.

● 배경

많은 손님으로 북적이는 주말의 쇼핑센터에서 처참한 사건이 발생했습니다. 재단은 이것을 미지의 SCP 객체가 일으킨 정보재해로 추정하여, 쇼핑센터를 봉쇄하고 재단 직원을 파견하기로 했습니다.

이번 사건의 수수께끼를 해명하고 미지의 SCP 객체를 「확보」하는 것이 PC들의 목적입니다.

● SCP-053

시나리오의 사정상 미지의 SCP 객체라고 설명했지만, 이번 시나리오에 등장하는 SCP 객체에는 모델이 있습니다.

모델이 된 것은 SCP-053입니다.

SCP-053은 3살 정도 되는 작은 소녀의 모습을 한 생물형 객체입니다. 간단한 회화 정도라면 할 수 있으며, 의사소통은 충분히 가능합니다. 또, 시나리오 전개에 필요한 국면 외에는 PC들의 말을 얌전히 따릅니다. 불리한 질문을 받으면 세 살짜리 아이답게 「몰라」라며 얼버무려도 무방합니다.

이를테면 그녀는 자신이 발휘하는 괴현상에 관한 모든 질문에 대해 「몰라」라고 대답합니다.

• 트리거

정보재해를 일으키는 트리거는 SCP-053과 「눈을 마주치는 것」, 그리고 「접촉하는 것」입니다. 게임 마스터는 PC들이 이 두 가지에 저촉하지 않았는지 주의 깊게 발언을 확인하시기 바랍니다.

시선 트리거는 선글라스 등으로 눈을 가리면 완전히 막을 수 있습니다.

접촉 트리거는 옷이나 장갑으로 막을 수 없지만, 「피한다」고 선언하면 반드시 피할 수 있습니다. (단, 소녀 조우표의 결과는 무시할 수 없습니다)

두 가지 트리거를 충족한 PC는 그 자리에서 정보재해에 감염됩니다.

● 플레이어 수

이 시나리오의 플레이어 수는 3명입니다.

● 리미트

이 시나리오의 리미트는 3입니다.

● 광기

『인세인』에서 【의심암귀】, 【패닉】, 【피에 대한 갈망】, 【절규】, 【기억상실】, 【공포증】, 【실종】을, 이 책 『인세인 SCP』에서 【양심의 가책】, 【분실】, 【확산】, 【악운】, 【신경질】을 1장씩 준비하시기 바랍니다.

● 리포트 시트 초기 정보

• 인시던트: 2579-01

10일 전의 날짜가 적혀 있다.

사건의 무대는 어느 레스토랑. 몇 명의 손님이 갑자기 날뛰며 그 자리에 있던 사람들을 마구 살해했다.

사건 발생으로부터 2시간 후, 재단 직원이 현장에 도착했다.

조사를 시작하고 10분 후, 재단 직원이 3살 정도의 소녀를 발견해서 보호 중이라고 연락했다.

그로부터 5분 후, 직원 1명이 갑자기 날뛰기 시작했다는 연락이 들어왔다. 정보재해일 가능성이 있다는 연락을 마지막으로 모든 직원과의 연락이 끊겼다.

4시간 후, 특별 편성팀이 파견됐다. 처음에 파견한 모든 재단 직원의 사망을 확인. 그들이 보호했다는 「소녀」의 모습은 확인할 수 없었다.

● 특수 규칙: 점포 조사

그럴 필요가 있다면 PC는 쇼핑센터 내의 각 점포를 조사할 수 있습니다. 「점포 조사」는 주요 행동으로 간주합니다.

PC는 조사하고 싶은 장소를 「점포 리스트」에서 선택하고, 지정특기로 판정합니다. 판정에 성공하면 대상 점포의 조사 정보를 손에 넣습니다.

PC가 바랄 경우, 일반적인 조사판정을 비롯한 주요 행동을 취한 후에 【생명력】이나 【이성치】를 1점 감소하면 추가 행동으로 「점포 조사」를 할 수 있습니다. 단, 추가 행동으로 시도할 때는 목표치가 2 올라갑니다.

【생명력】이나 【이성치】를 1점 감소해서 재차 추가 행동을 할 수도 있습니다. 이후 목표치는 2씩 올라갑니다.

점포 리스트		
위치	점포명	지정특기
북1	스포츠용품점 「맥스 스포츠」	《구타》
북2	보석 가게 「엘레강트 스테이지」	《예술》
북3	장난감 가게 「엔조이 파티」	《기쁨》
남1	신발 가게 「헬로 슈즈」	《추적》
남2	옷 가게 「패션 가든」	《친애》
남3	안경점 「브릴리언트 글래스」	《정리》
동1	수입 잡화점 「DEJIMA」	《혼돈》
동2	서점 「스타 북스」	《교양》
동3	식료품점 「울트라 마켓」	《맛》

● 도입 페이즈

이번 시나리오의 도입 페이즈는 아래와 같습니다.

• 장면1 주말 오후

이 장면은 마스터 장면입니다.

어느 주말의 오후 2시경. 많은 손님으로 북적이는 쇼핑센터. 통로 한구석에 미아로 보이는 소녀가 혼자 앉아 있습니다.

통로를 청소하던 청소부가 그 소녀를 발견합니다. 그는 소녀에게 말을 걸고 손을 내밉니다. 고개를 든 소녀는 끄덕이면서 청소부의 손을 잡았습니다.

두 사람은 함께 통로를 걷기 시작했습니다. 그런데 곧 청소부가 멈춰 섰습니다. 그가 갑자기 날뛰기 시작하더니 때마침 근처를 있던 손님에게 덤벼듭니다. 청소부는 숨기고 있던 나이프로 손님을 찔러 죽이고, 다른 손님에게 덤벼들었습니다.

손님들이 비명을 지르며 일제히 도망칩니다. 몇 명의 남자들이 청소부를 제압하려 하고, 그것을 뿌리치면서 청소부가 날뜁니다.

모두 청소부에게 정신이 팔렸지만, 날뛰는 것은 그 혼자가 아니었습니다. 다른 남자가 절규하며 우왕좌왕 도망치는 손님을 습격했던 것입니다.

한 명. 또 한 명. 날뛰는 손님은 점점 늘어나고, 희생자의 수도 빠르게 늘어납니다.

• 장면2 초조

PC①의 도입 장면입니다.

PC①은 자택에서 어느 인물에게 전화를 걸었는데, 상대가 받지 않습니다. 방금 전에 도착한 기묘한 메일을 보고 PC①은 불안해졌습니다.

뒤에 켜둔 TV가 긴급 뉴스를 전합니다.

『오늘 오후, ■■시의 쇼핑센터를 무장 집단이 습격해서 그대로 농성에 들어가는 사건이 발생했습니다. 현재로써는 범행 집단의 동기와 목적은 불명입니다. 쇼핑센터는 경찰이 포위하고 있으며…….』

PC①의 전화가 울립니다. 전화를 건 상대는 재단입니다.「정보재해로 보이는 사건이 발생했다. 곧바로 조사에 나서주기 바란다. 장소는 교외에 있는 쇼핑센터다.」

PC①이 자기소개를 하고【사명】을 읽으면 이 장면은 끝납니다.

• 장면3 재발

PC②의 도입 장면입니다.

재단의 시설에 있던 PC②는 상사의 호출을 받습니다.

「교외의 쇼핑센터에서 정보재해가 일어난 것 같다. 지금은 우리가 준비한 커버 스토리로 얼버무리고 있지만, 오래는 못 버텨.」

상사는 한 장의 리포트 시트를 PC②의 앞에 내놓습니다. 여기에서 리포트 시트「인시던트 2579-01」을 공개합니다.

「이번 사건은 인시던트 2579-01과 관련이 있을 가능성이 크다. 따라서 이 사건은 이후 인시던트 2579-02로 간주한다. 부디 이번에야말로 자네의 손으로 SCP 객체를 확보하게.」

PC②가 자기소개를 하고 【사명】을 읽으면 이 장면은 끝납니다.

• 장면4 휴일 반납

PC③의 도입 장면입니다.

휴일에 쇼핑을 하러 나온 PC③이 쇼핑센터에 와보니 경찰이 한창 출입구를 봉쇄하는 도중이었습니다.

그 직후 재단의 연락을 받은 PC③은 다른 직원들보다 한 발 먼저 조사를 시작합니다.

「이것이 감시 카메라의 영상입니다.」

경찰의 협력을 얻어 감시 카메라 영상을 손에 넣었습니다. 거기에 따르면 사건은 쇼핑센터 서쪽 구획의 푸드코트에서 발생한 것 같습니다.

또, 피해 확대를 막기 위해 쇼핑센터 전체가 봉쇄됐으며, 푸드코트 이외의 구획에도 손님이 남아있는 것을 확인할 수 있었습니다.

「재단과 경찰은 이미 교섭을 마쳤습니다. 말씀만 하신다면 언제든지 여러분을 쇼핑센터 안으로 모셔다드리겠습니다.」

PC③은 자기소개를 하고 【사명】을 읽어주시기 바랍니다.

핸드아웃 「푸드코트」, 「상업구역」이 공개됩니다. 마지막으로 PC①과 PC②가 합류하며 도입 페이즈는 끝납니다.

● 조킹

이 시나리오에서 조킹을 하면 아래의 정보를 손에 넣을 수 있습니다.

• 쇼핑센터

무대의 성질상 이번 시나리오에서는 다양한 상품을 입수할 수 있습니다. PC들은 이것들을 조건 없이 입수할 수 있습니다. 단, 아래의 품목을 제외하면 특필할 만한 효과는 없습니다.

• 음식, 장난감

「소녀」는 과자나 케이크 같은 단 음식이나 장난감을 매우 좋아합니다. 이것들을 주면 「소녀」는 기꺼이 PC의 말을 따를 것입니다.

• 선글라스 및 유사한 물품

SCP-053의 시선 트리거를 완전히 막는 효과가 있습니다.

• 시체들의 사인

태반이 외상을 입은 타살체입니다. 맨손 구타, 교살, 즉흥적인 무기를 사용한 구타의 흔적은 물론이고, 총격의 흔적도 있을 수 있습니다. 어느 시체에도 사망 후에 소지품을 물색한 흔적은 없습니다. 살해자가 살인 자체에만 관심이 있었던 것 같습니다. 외상이 전혀 없는 시체도 몇 구 있는데, 이들은 심장 발작으로 죽은 것으로 보입니다.

● 메인 페이즈

• 알로하 사내의 재난

이 장면은 「푸드코트」의 【비밀】이 밝혀지면 발생하는 장면입니다.

PC들이 푸드코트 조사를 마치면, 푸드코트 구석의 패스트푸드점 「알로하 버거」에서 알로하 셔츠를 입은 점원이 비틀거리며 뛰어나옵니다.

「부탁이야, 도와줘!」

그는 사건 현장에 있었으나 가게 카운터 뒤에 숨은 덕분에 화를 면했다고 합니다.

그는 혼란스러워하고 있으며, 사건에 관해서는 「갑자기 손님끼리 서로 죽이기 시작했다」 정도의 증언밖에 얻을 수 없습니다.

그런 대화를 하고 있는데, 푸드코트 한복판에 어느샌가 3세 정도의 소녀가 서 있습니다.

「나 말고도 생존자가……. 아이가 있었네!」

점원은 흥분한 모습으로 소녀에게 달려갑니다.

「얘야, 너도 같이 도망치자!」

점원이 소녀의 손을 잡아당기자, 그걸 깨달은 소녀가 점원의 얼굴을 올려다봅니다.

그 순간, 점원이 절규합니다. 점원은 가게에서 식칼을 꺼내더니 「푸드코트」를 조사한 PC에게 덤벼듭니다. PC는 《찌르기》로 회피판정을 합니다. 실패하면 PC가 1D6의 대미지를 입습니다.

그 후, PC들은 점원을 제압하는 데 성공했으나 그는 심장마비로 죽어버립니다.

정신을 차리고 보니 소녀는 없어졌습니다.

PC들은 알로하 버거의 점포 내에서 반쯤 열린 문을 발견합니다. 문 안쪽에는 종업원이 사용하는 업무용 통로가 있는데, 보아하니 상업구역까지 이어져 있는 것 같습니다.

핸드아웃 「소녀」, 「정보재해」가 공개됩니다.

이후, 「소녀」는 상업구역 어딘가에 몸을 숨깁니다. 「소녀」를 확보하려면 「점포 조사」로 「소녀」가 숨어있는 점포를 발견해야 합니다.

• 확보 조건

이 장면은 상업구역에 숨은 「소녀」를 발견한 직후에 발생하는 마스터 장면입니다.

재단 직원의 연락을 받습니다.

「업무용 통로의 반입구에 격리 장비를 설치했다. SCP 객체를 발견하면 거기에 격리해 줘.」

이 단계가 되면 PC는 SCP 객체(소녀)를 유도할 방법을 말해야 합니다. 이를테면 「소녀를 안아서 옮긴다」, 「장난감으로 유인한다」 등을 생각해 볼 수 있습니다.

PC가 말한 방법으로 소녀를 유도할 수 있다고 게임 마스터가 판단했다면 메인 페이즈는 끝나고, 클라이맥스 페이즈에 돌입합니다.

• 보석 가게 「엘레강트 스테이지」

이 장면은 「점포 조사」에서 보석 가게 「엘레강트 스테이지」를 조사하면 발생합니다.

이 가게에 숨어 있던 PC①의 연인을 발견해서 보호합니다.

「여기에서 무사히 돌아가면, 당신에게 할 이야기가 있어…….」

연인은 반지 진열장을 흘끔 보며 결혼을 의식한 발언을 합니다.

● 소녀 추적

「소녀」는 조사판정으로 【거처】를 입수할 수 없습니다. 「소녀」가 있는 곳을 찾으려면 「점포 조사」를 해야 합니다.
「점포 조사」 판정에 성공하면 판명되는 정보는 아래와 같습니다.

- 스포츠용품점 「맥스 스포츠」
- 보석 가게 「엘레강트 스테이지」
- 장난감 가게 「엔조이 파티」
- 신발 가게 「헬로 슈즈」
- 옷 가게 「패션 가든」
- 안경점 「브릴리언트 글래스」

위의 여섯 점포는 꽝입니다. 「『소녀』는 이 근처에는 없다」는 것을 알 수 있습니다.

- 수입 잡화점 「DEJIMA」
- 식료품점 「울트라 마켓」

위의 두 점포에는 작은 발소리, 혹은 킥킥 웃는 소리를 들을 수 있습니다. 「소녀」가 근처에 있는 모양입니다.

- 서점 「스타 북스」

그림책을 읽는 「소녀」를 발견합니다. 그녀는 더 이상 숨어다니지 않으며, 의아한 얼굴로 직원들을 올려다봅니다.
「소녀」는 시간이 지나도 이동하지 않습니다.
「점포 조사」 판정에 실패하면 페널티가 발생합니다. 실패한 PC는 「소녀 조우표」를 사용합니다. 결과에 따라서는 전혀 다른 장소에서 「소녀」와 접촉하는데, 「그때는 거기에 있었다」라고 간주하시기 바랍니다. 「소녀」는 표의 결과가 적용된 후에 홀연히 사라지므로, 그 자리에서 확보할 수는 없습니다.

소녀 조우표 (1D6)	
1	「소녀」와 만난 손님이 정보재해에 감염되어 날뛰기 시작했다. 「점포 조사」 판정에 실패한 PC는 1D6점의 대미지를 입는다. 그 후, PC들은 손님을 제압하는 데 성공했으나, 상대는 가슴을 억누르며 신음하다가 사망한다.
2~3	생각지도 못한 곳에 「소녀」가 숨어 있었다! 「점포 조사」 판정에 실패한 PC는 소녀와 눈이 마주치고 말았다. 소녀는 그 직후 웃으며 도망쳐서 사라진다.
4~5	통로 모퉁이에서 대뜸 「소녀」와 부딪혔다! 「점포 조사」 판정에 실패한 PC는 소녀와 접촉한다. 허둥대는 사이에 「소녀」는 어딘가로 달려갔다.
6	완만한 배경음악만이 울려 퍼지는, 쥐 죽은 듯 조용한 쇼핑센터. 그 안을 탐색하며 돌아다닌 탓인지, 「점포 조사」 판정에 실패한 PC는 지독한 불안을 느낀다. 【광기】를 1장 획득한다.

● 클라이맥스 페이즈

「소녀」를 업무용 통로까지 유도하면 클라이맥스 페이즈에 돌입합니다.

제3사이클이 끝날 때까지 「소녀」를 유도하지 못하면 PC들은 완전히 「소녀」를 놓치며, 임무는 실패합니다.

클라이맥스 페이즈로 이행하기 전에 남은 장면 수를 세고, 그 수와 같은 점수의 【진척】을 PC에게 줍시다.

「소녀」를 데리고 업무용 통로까지 오면 두 명의 남자가 PC들을 불러 세웁니다.

「잠깐! 너희들, 그런 어린애를 어디에 데려갈 작정이야!」

「수상한 놈들! 너희들 유괴범이지!」

남자들에게 설득은 통하지 않습니다.

그들은 억지로 「소녀」를 데려가려고 하며, 결국 정보재해에 감염되고 맙니다. 감염자들은 우렁찬 외침과 함께 PC들을 습격합니다.

감염자 둘과의 전투입니다. 감염자의 데이터는 「걸어 다니는 시체」(인세인 룰북 1권 249페이지)를 사용합니다.

PC 전원이 행동불능 또는 사망 상태가 되거나, 적을 전멸시키면 클라이맥스 페이즈는 끝납니다.

● 그 후

전투에 승리했다면 PC들은 「소녀」를 무사히 「확보」합니다. 업무용 통로의 반입구에서 격리 장비에 격리된 「소녀」는 이후의 연구에서 SCP-053이라고 불리게 됩니다.

전투에 지면 「소녀」는 모습을 감춥니다. 재단은 새로운 희생자를 내지 않기 위해서라도 열심히 「소녀」의 행방을 쫓을 것입니다.

Handout

이름	PC①
사명	
당신은 재단의 직원이다. 당신의 【사명】은 괴현상의 원인을 밝히고 SCP 객체를 「확보」하는 것이다.	

Handout

비밀

쇼크	없음
당신의 연인이 메일을 보냈다. 「쇼핑센터에 갇혔어><」 당신의 연인은 지금 여기에 있다. 당신의 【진정한 사명】은 연인을 구하는 것이다. 이 사명은 PC 중 누군가가 연인을 발견하면 달성된다. 또, 연인은 「엘레강트 스테이지」라는 가게에 숨어 있는 것 같다.	

이 비밀을
스스로 밝힐 수는 없다.

Handout

이름	PC②

사명

당신은 인시던트 2579-01의 특별 편성팀에 참가했던 재단 직원이다. 당신의 【사명】은 이번에야말로 SCP 객체를 「확보」하는 것이다.

Handout

비밀

쇼크	전원

당신은 인시던트 2579-01 임무 중에 한순간이나마 어린 소녀를 목격했다. 다른 직원은 보지 못했는지 믿어주지 않지만, 확실히 눈과 눈이 마주쳤다. 결코 잘못 본 게 아니다!

이 비밀을 스스로 밝힐 수는 없다.

Handout

이름	PC③

사명

당신은 재단의 직원이다. 당신의 【사명】은 괴현상의 원인을 밝히고 SCP 객체를 「확보」하는 것이다.

Handout

비밀

쇼크	없음

당신은 이 쇼핑센터를 훤히 꿰고 있는 단골손님이다. 이 【비밀】이 공개되면 PC 전원은 「점포 조사」 판정에 +1의 수정을 적용한다.

이 비밀을 스스로 밝힐 수는 없다.

Handout

장소	푸드코트

개요

스트레스.

쇼핑센터 서쪽 구획. 카페를 비롯한 가게들이 줄지어 서 있다. 사건이 발생한 현장으로 추정된다. 지금은 셔터를 내려 놓아서 입구 너머나 상업구역과의 자유로운 왕래가 불가능하다.

Handout

비밀

쇼크	전원

확산정보. 푸드코트는 100구가 넘는 시체로 가득하다.

《죽음》으로 공포판정.

이 비밀을
스스로 밝힐 수는 없다.

Handout

장소	상업구역

개요

식료품부터 옷, 일용품까지 다양한 품목을 파는 구역. 북쪽, 남쪽, 동쪽의 세 구획이 있다.

현재 많은 손님이 「피난」이라는 명목으로 「갇혀」 있다.

Handout

비밀

쇼크	없음

확산정보. 100명이 넘는 손님이 갇혀 있다. 현재로서는 이상한 점은 보이지 않는다.

「점포 리스트」를 공개한다. 이후 「점포 조사」를 할 수 있다.

이 비밀을
스스로 밝힐 수는 없다.

Handout

이름	소녀

개요

스트레스.

세 살 정도의 귀여운 소녀.

조사판정으로는 이 소녀의 【거처】를 입수할 수 없다.

Handout

비밀

쇼크	전원

소녀와 눈이 마주친다.

이 소녀는 인간이 아니라 생물형 SCP 객체다. 《꿈》으로 공포판정.

이 비밀을
스스로 밝힐 수는 없다.

Handout

정보재해

Handout

비밀

쇼크	이 【비밀】을 조사한 PC
2차 감염	없음

이 정보재해는 2차 감염을 일으키지 않는다.

「소녀」와 「시선」이 마주치고, 또 하나의 비밀 조건을 충족하면 효과를 받는다. 이 정보재해의 감염자는 곧바로 발광하여 자신 이외의 무작위로 선택한 PC 1명을 습격해 1D6의 대미지를 입힌다. 상대 PC가 사망하면 같은 행동을 반복한다. 대미지를 입은 PC가 사망하지 않았거나 장면에 있는 다른 PC가 모두 사망했다면 감염자는 심장마비를 일으켜 사망한다.

이 비밀을
스스로 밝힐 수는 없다.

시나리오「베어 크래프트」

이 시나리오는『인세인SCP』용「격리」타입 샘플 시나리오입니다.

원칙상 협력해서 SCP에 맞서지만, 때에 따라서는 대립이 발생할 수도 있는 특수형 시나리오입니다.

● 시나리오의 무대

이 시나리오의 무대는 모국에 있는 재단의 격리 시설「제24기지」입니다. 폐쇄된 재단 시설을 무대로 하는 시나리오이므로 PC로는 재단 직원이 바람직합니다.

장면표는 이 시나리오에 수록된「제24기지 장면표」를 사용하시기 바랍니다.

● 배경

제24기지에「격리」되었던 SCP-1048의 격리위반이 발생했습니다. SCP-1048은 매우 위험한 존재로, 현재 제24기지 내부를 제멋대로 돌아다니고 있을 것으로 추정됩니다. 행방불명된 SCP-1048을 찾아「격리」하는 것이 PC들의 목적입니다.

● 플레이어 수

이 시나리오의 플레이어 수는 3명입니다.

● 리미트

이 시나리오의 리미트는 3입니다.

● 광기

『인세인』에서【거동수상】,【패닉】,【절규】,【어둠의 축복】,【결벽】,【폭력충동】을, 이 책『인세인 SCP』에서【상층부의 부패】,【배드 아이디어】,【가지고 도주】,【파괴충동】,【분실】,【악운】을 1장씩 준비하시기 바랍니다.

프라이즈

이번 시나리오에는 프라이즈로 「SCP-1048」이 등장합니다. 「SCP-1048」은 객체 SCP-1048 자체입니다. 이 프라이즈를 PC들이 손에 넣으면 SCP-1048을 「격리」하게 됩니다.

리포트 초기 정보

- 분류번호/SCP-1048
- 객체 등급/케테르(Keter)

• 개요

SCP-1048은 높이 33cm 정도 크기의 작은 곰 인형이다. 자발적으로 이동하는 능력이 있다. 말은 못 하지만 몸짓으로 의사소통을 할 수 있으며, 다리를 끌어안거나 춤을 추기도 하면서 사람들에게 애정을 보인다. SCP-1048과 교류한 모든 재단 스태프가 이 애정에 호의적인 반응을 보였다.

• 추가 기재 사항

격리 후 7개월을 거치면서 SCP-1048에게 각종 소재를 사용해 자신의 조잡한 복제품을 작성하는 능력이 있음이 판명됐다. 이 과정은 직접 목격되지 않았다. SCP-1048은 특유의 사랑스러움을 활용해 주위를 안심시키면서 창작물을 만들기 위해 필요한 소재를 모은 것으로 보인다. 현재까지 SCP-1048-A, SCP-1048-B, SCP-1048-C의 세 가지 창작물이 존재했다. 이런 창작물은 SCP-1048의 평소 태도와는 정반대로 인간에 대해 매우 폭력적인 성질을 보인다.

• SCP-1048-A

SCP-1048과 함께 제24기지를 떠도는 것을 발견했다. SCP-1048과 비슷한 크기와 모양의 곰 인형이지만, 전신이 인간의 귀로 이루어져 있다. 격리하려는 보안팀을 향해 고음의 소리를 질러 5m 이내에 있던 자들의 전신에 귀 같은 종양을 발생시키고 도주했다.

이 사건 직후, 제24기지 내에서 잠을 자다가 미지의 수법으로 한쪽 귀를 잘린 연구자가 발견됐다.

• **SCP-1048-B**

제24기지의 구내식당에서 발견됐다. 외견은 SCP-1048과 매우 비슷하지만, 내부에서 다른 뭔가가 움직이고 있는 것처럼 어색하게 움직였다. 마침내 몸의 이음매에서 인간 유아의 그것과 흡사한 손과 팔이 튀어나와 주먹을 쥐었다. 이것을 본 여성 연구원이 비명을 지르자, 대상은 어린애처럼 소리 높여 울면서 반응하더니 연구원을 [데이터 말소]하려 했고, 연구원의 체내를 심하게 훼손했다. 보안팀은 연구원과 SCP-1048-B를 [편집됨] 할 수밖에 없었다.

3시간 후, 기지 내의 사무실에서 ■■■■ 박사가 의식을 잃고 피를 흘리는 채로 발견됐다. ■■■■ 박사는 자다가 태아를 유산했으며, 8개월 된 태아는 사라진 상태였다.

• **SCP-1048-C**

SCP-1048과 비슷하게 생긴 곰 인형이지만 낡은 고철로 만들어졌다. 카버 박사가 SCP-1048-B 사건의 보고서를 쓰고 있을 때 사무실에 나타나더니, 박사가 바라보자 도망쳤다. 도주 과정의 대상은 매우 폭력적이었으며, 재단 스태프 ■명이 죽거나 다쳤다. (카버 박사의 말에 따르면 대상은 「점프해서 (인간의) 몸을 뚫고 지나갔다」고 한다.)

이후, 대상과 만난 사례는 없으며 위치도 불명. SCP-1048이 SCP-1048-C를 만들 때 사용한 소재의 출처도 현시점에서는 불명.

• **격리 방법**

SCP-1048은 현재 행방불명이다. 제24기지 내부를 제멋대로 돌아다니고 있을 것으로 보인다.

SCP-1048는 소형 생물용 격리 장비로 격리한다. SCP-1048 자신은 인간을 해칠 수단이 없으므로, 포획만 하면 격리하기는 쉬울 것이다. 단, SCP-1048-A, SCP-1048-C와 함께 행동할 가능성이 있으므로 만났을 때는 세심하게 주의를 기울여야 한다.

• **금지사항**

혼란이나 오인을 막고자 제24기지에 곰 인형을 반입하는 것을 금지한다.

● 에너미 데이터

「SCP-1048-A」의 데이터는 「개」(기본 247페이지), 「SCP-1048-C」의 데이터는 「살인마」(기본 247페이지)의 데이터를 사용합니다. 그 밖에 SCP 1048의 창조물이 있다면 「실패작」(기본 250페이지)의 데이터를 사용합니다.

● 도입 페이즈

이 시나리오의 도입 페이즈는 아래와 같습니다.

• 장면1 브리핑

PC①②③의 공통 도입 장면입니다.

제24기지에 근무하는 세 명의 PC를 상위 연구원인 카버 박사가 소집합니다.

카버 박사는 PC들에게 상황을 설명합니다.

극도로 위험한 존재인 SCP-1048이 제24기지 내에서 행방불명 됐습니다. SCP-1048 자체는 겉보기에 우호적으로 보이지만, 자신과 닮은 형태의 복제품을 만드는 성질이 있습니다. 이 복제품은 인간에게 매우 적대적입니다. 이미 재단 직원이 여럿 희생됐습니다. 한시라도 빨리 SCP-1048을 「격리」해야 합니다.

감시 카메라 영상의 분석은 이미 끝났지만, 마치 대상이 카메라의 위치를 숙지하고 있기라도 한 것처럼 단서가 될 만한 영상은 얻을 수 없었습니다. 격리 전문가가 새로운 특별 격리 절차를 책정하기 위해 시설 안을 직접 수색해야 합니다.

카터 박사는 적대적인 창조물인 SCP-1048-A와 SCP-1048-C에게는 접근하지 말고 전술반에게 맡기라고 말합니다.

「자네들의 일은 어디까지나 SCP-1048의 격리야. 대상은 인간에게 공격적이지 않으니 발견하기만 하면 자네들이라도 격리할 수 있을 테지.」

여기에서 각 PC는 자기소개를 하고 【사명】을 읽습니다.

SCP-1048에 관한 리포트 시트가 공개됩니다. 핸드아웃 「제05 격리실」, 「구내식당」이 공개되고 도입 페이즈는 끝납니다.

● 조킹

이 시나리오에서 조킹을 하면 아래의 정보를 얻을 가능성이 있습니다.

• 통풍관과 점검용 통로

통풍관이나 점검용 통로의 【비밀】을 조사하기 전에 무슨 소리가 들리지 않는지 묻는다면, 작은 발소리가 들린다고 전해주시기 바랍니다. 통풍관에서는 「자박자박」, 점검용 통로에서는 「찰박찰박」하고 미묘하게 다른 소리가 들립니다.

• 격리에 관해

프라이즈 「SCP-1048」이 공개되고 나서 프라이즈를 입수할 수 있느냐는 질문을 받는다면, 곧바로 인간이 지나갈 수 없는 틈새(침대 아래, 책장 뒤쪽 등)로 도망쳐 버리므로 궁지에 몰아넣지 않으면 불가능하다고 대답하시기 바랍니다. 「SCP-1048」을 입수할 수 있는 타이밍은 클라이맥스 페이즈뿐입니다.

● 메인 페이즈

• 점검용 통로에서의 만남

이 장면은 「점검용 통로」의 【비밀】을 조사한 직후에 발생하는 마스터 장면입니다.

SCP-1048-A는 PC의 동향을 가만히 살핍니다. 붙잡거나 공격하려고 하면 SCP-1048-A는 고음의 소리를 질러 PC의 눈과 귀에 찌르는 듯한 통증을 가합니다. 이 장면에 등장한 PC는 각각 【생명력】에 1D6점의 대미지를 입습니다. 만약 이것으로 【생명력】이 0이 되었다면, 그 PC는 전신이 귀처럼 생긴 종양에 뒤덮여 사망합니다. 어떤 결과가 되었든 《소리》로 공포판정을 합니다. SCP-1048-A는 도주합니다.

• SCP-1048의 친구

이 장면은 정보재해 「SCP-1048은 귀엽다」에 감염된 PC가 나올 때마다 발생하는 마스터 장면입니다.

감염된 PC는 갑작스러운 잠기운을 느낍니다. PC는 몽롱한 의식 속에서 「혼자서 쓸쓸해 하는 작은 친구의 부탁을 받아 귀여운 친구를 만들어 줬다」라는 어렴풋한 기억과 함께 자기 방에서 눈을 뜹니다. 성취감을 동반한 기분 좋은 피로를 느끼면서 깨어난 PC의 눈에 작은 그림자가 방을 걸어나가는 광경이 들어옵니다.

GM은 이 장면이 몇 인분 발생했는지를 기록해둡니다.

• 곰의 공방

이 장면은 「공방」의 【비밀】을 조사한 직후에 발생하는 마스터 장면입니다.

조명이 켜지면 작업대 위에 다양한 공구가 질서 정연하게 나열된 광경이 보입니다. 자주 사용했는지 먼지 하나 없습니다. 다른 작업대에 있는 것은 녹슨 고철. 이웃 테이블에는 인간의 신체 일부. 그 옆에는 크고 작은 날붙이. 다양한 「소재」가 종류별로 구분되어 진열돼 있습니다.

사방의 벽에 있는 선반에는 SCP-1048과 닮은 무수한 곰 인형이 진열되어 있습니다. 만들다 만 것이나 실패작도 많은 것 같지만, 몇 개는 PC들에게 반응해서 움직이기 시작합니다.

PC들의 앞에 선 SCP-1048은, 장난을 치다가 들킨 아이처럼 귀여운 몸짓으로 양손을 뺨에 대고 부끄럽다는 듯이 몸을 뒤틉니다.

PC 전원은 전율과 함께 이곳이 바로 SCP-1048의 「소굴」이라는 사실을 깨닫습니다. 《암흑》으로 공포판정을 합니다.

이대로 클라이맥스 페이즈에 이행합니다. 메인 페이즈에 장면이 남았다면, 클라이맥스 페이즈로 이행하기 전에 PC들에게 남은 장면 수만큼 【진척】을 줍니다.

● 클라이맥스 페이즈

「곰의 공방」 장면이 발생하거나 3사이클이 지나면 클라이맥스 페이즈에 돌입합니다.

SCP-1048-A, SCP-1048-C가 PC들에게 덤벼듭니다. 메인 페이즈에서 마스터 장면 「SCP-1048의 친구」가 발생한 횟수만큼 적의 수가 늘어납니다.

정보재해 「SCP-1048은 귀엽다」에 감염된 PC라면 어렴풋하게 본 기억이 있는, 「SCP-1048의 친구」 장면에서 만든 새로운 창조물이 공방의 선반에서 내려와 적에 추가됩니다. 이 추가 창조물은 만들어진 순서대로

SCP-1048-D, SCP-1048-E…… 와 같이 번호가 붙습니다. 「소재」는 각각 「SCP-1048 창조물 소재표」로 결정하시기 바랍니다. 누군가가 더 끔찍하거나 더 재미있는 것을 떠올렸다면 그쪽을 채용합니다.

SCP-1048을 격리할 때는 의식 규칙을 사용합니다. 절차는 아래와 같습니다.

단, 정보재해 「SCP-1048은 귀엽다」에 감염된 PC는 의식의 모든 판정에 -1의 수정을 적용합니다.

PC 전원이 행동불능 또는 사망 상태가 되거나, 적을 전멸시키거나, 의식을 완료하면 클라이맥스 페이즈는 끝납니다.

격리에 성공했다면 PC는 프라이즈 「SCP-1048」을 손에 넣습니다. 누가 소유할지는 상의해서 결정하시기 바랍니다.

● 그 후

SCP-1048의 「격리」에 성공했다면 큰 공을 세운 것입니다! 카버 박사는 PC들을 절찬할 것입니다. SCP-1048은 더 엄중한 격리실에 격리되어 쓸쓸한 모습으로 보는 이의 마음을 흔듭니다.

정보재해의 영향을 받은 PC는 B등급 이상의 기억 소거로 회복할 수 있습니다. 프라이즈 「SCP-1048」을 손에 넣은 PC는 안았을 때의 푹신푹신한 감촉을 잊지 못하고 생각날 때마다 SCP-1048의 격리실 앞에 내내 서 있는 나날을 보낼 것입니다.

의식 시트 의식명 SCP-1048 특별 격리 절차

단계	절차의 이름	지정특기	참가조건	페널티
1	구석에 몰아넣는다	《추적》	없음	「SCP-1048-A」의 공격을 무조건 받는다
2	붙잡는다	《촉감》	1라운드에 1명만	【광기】를 1장 얻는다
3	격리 장비에 넣는다	《포박》	1라운드에 1명만	가진 【광기】 1장을 무작위로 현재화한다
4	공격을 피해 도망친다	《인내》	아무나	「SCP-1048-C」의 공격을 무조건 받는다
5				
6				

SCP-1048 창조물 소재표 (1D6)	
1	PC의 신체 일부
2	누군가가 키우는 애완동물의 무언가
3	날붙이나 총기의 부품
4	작업용 컴퓨터나 기억매체의 파츠
5	독이 있는 생물
6	카버 박사의 신체 일부

제24기지 장면표 (2D6)	
2	어딘가에서 괴로워하는 인간의 탄식이며 신음이 들려온다. 어지간히 고통스러운 모양이다. 듣는 사람까지 우울해진다.
3	갑자기 어딘가 먼 곳에서 날카로운 소음이 들려왔다. 귀가 욱신거려 얼굴을 찡그렸다.
4	연구원이 고개를 갸웃거린다.「이봐, 여기 놔둔 주사기 누가 가져갔어? 이미 쓴 건데.」
5	D계급 직원이 싱글벙글 웃으며 지나갔다. 뭔가 훈훈한 장면이라도 본 것 같은 표정이었는데…….
6	상급 연구원이 황급히 전화를 걸었다.「전술반은 아직이냐!」「난 이제 여기에 1초도 더 있고 싶지 않다고!」
7	시야 구석에서 뭔가 작은 그림자가 타다닥 지나갔다.
8	어렴풋한 피 냄새가 코를 간지럽힌다. 아기의 울음소리가 들린 것 같은데……. 기분 탓인가?
9	구금소 앞을 지나가는데, 안에서 여성이 울부짖고 있다.「괜찮아요, 진정하세요!」「빨리 잡아 눌러!」「기억 소거를!」이라며 저마다 외치는 소리도 들린다.
10	사무원이 졸고 있다. 옆에 놓인 메모장에는 곰처럼 보이는 낙서가 있다.
11	뭔가가 벽 너머에서 자박자박 소리를 내며 지나갔다. 지금 그거 뭐지?
12	퍼뜩 정신을 차리니 자기 방에 우두커니 서 있었다. 요 몇 시간의 기억이 없다…….

Handout

이름	PC①
사명	
당신은 재단의 신입 연구원이다. 당신의【사명】은 제24기지 내에 있는 곰 인형 형태의 객체, SCP-1048을「격리」하는 것이다.	

Handout

비밀

쇼크	전원
이번 임무의 브리핑에서 SCP-1048의 사진을 봤을 때, 당신은 충격을 받았다. SCP-1048이 너무나도 귀여웠기 때문이다. 안아주고 싶다……. 당신의【진정한 사명】은 SCP-1048을 프라이즈로서 한 번이라도 소지하는 것이다.	

이 비밀을
스스로 밝힐 수는 없다.

Handout

이름	PC②

사명

당신은 재단의 베테랑 연구원이다. 당신의 【사명】은 제24기지 내에 있는 곰 인형 형태의 객체, SCP-1048을 「격리」하는 것이다.

Handout

비밀

쇼크	전원

당신에겐 어린 시절부터 아끼던 곰 인형이 있으며, 항상 가지고 다닌다. 제24기지는 곰 인형 반입이 금지되어 있지만, 도저히 놓고 올 수 없어서 몰래 가지고 왔다. 이 【비밀】을 다른 PC가 보면, 당신은 착란을 일으켜 날뛰며 【비밀】을 본 PC의 【생명력】을 1 줄인다(PC마다 1회씩만).

이 비밀을
스스로 밝힐 수는 없다.

Handout

이름	PC③

사명

당신은 재단의 D계급 직원이다. 당신의 【사명】은 제24기지 내에 있는 곰 인형 형태의 객체, SCP-1048을 「격리」하는 것이다.

Handout

비밀

쇼크	없음

당신은 SCP-1048-C의 습격에서 운 좋게 살아남은 경험이 있다. 그런 것을 상대하다니 말도 안 된다. 당신은 SCP-1048의 귀여움에 일절 영향을 받지 않는다.

당신의 【진정한 사명】은 이 임무에서 살아남는 것이다.

이 비밀을
스스로 밝힐 수는 없다.

Handout

이름	프라이즈 SCP-1048

개요

크기 33cm의 곰 인형 형태 객체. 매우 귀엽다. 이 프라이즈의 【비밀】은 프라이즈를 손에 넣지 않아도 조사할 수 있다.

Handout

비밀

쇼크	없음

이 【비밀】을 본 PC는 SCP-1048의 귀여움에 마음이 훈훈해져 【생명력】을 1점 회복하고, 정보재해 「SCP-1048은 귀엽다」에 감염된다. 단, SCP-1048의 귀여움에 내성이 있는 PC는 이 효과를 받지 않는다.

이 비밀을
스스로 밝힐 수는 없다.

Handout

장소	제05 격리실

개요

안전 등급으로 간주되던 당시 SCP-1048의 거처로 제공했던 격리실. 벽이나 바닥에는 SCP-1048이 크레용으로 그린 귀여운 낙서가 아직 남아 있다.

Handout

비밀

쇼크	이 장면에 등장한 PC

확산정보. 낙서를 보고 있는데, 대충 그은 선이라고 생각했던 것에 뭔가 의미가 있는 것처럼 여겨지기 시작했다……. 이거, 무슨 지도 같은데?

《고고학》으로 공포판정.

핸드아웃 「통풍관」, 「점검용 통로」가 공개된다.

이 비밀을
스스로 밝힐 수는 없다.

Handout

장소	구내식당

개요

SCP-1048-B 사건이 일어난 제24기지 내의 구내식당. 커피 향기가 감돈다. 창밖에 보이는 것은 흐린 하늘. 어둑어둑한 오후의 점내에는 사람도 없고, 점원조차 주방에 틀어박혀 있다. 참극의 흔적은 어디에도 없다.

Handout

비밀

쇼크	이 장면에 등장한 PC

확산정보. 구내식당의 의자에 귀여운 인형이 있다. 인형……? 잠깐, 아니야! 저건 SCP-1048이다!

다가가자 SCP-1048은 영차 하고 의자에서 내려가 후다닥 도망쳐 버렸다. 귀엽다.

《친애》로 공포판정.

핸드아웃 「SCP-1048」을 공개한다.

이 비밀을
스스로 밝힐 수는 없다.

Handout

장소	통풍관

개요

스트레스.

제24기지 내 곳곳으로 뻗어 있는 통풍관. SCP-1048이 통로로 쓰고 있을지도 모른다.

Handout

비밀

쇼크	이 장면에 등장한 PC

통풍관에 진입해서 안으로 들어가는데 자박자박 발소리가 다가오더니……. 귀여운 곰 인형이 불쑥 얼굴을 내민다. SCP-1048이다!

SCP-1048은 놀란 듯이 작게 점프하더니 후다닥 도망친다. 그 몸짓이 너무나도 귀엽다.

《그늘》로 공포판정.

핸드아웃 「SCP-1048」을 공개한다.

이 비밀을
스스로 밝힐 수는 없다.

Handout

장소	점검용 통로

개요

스트레스.

제24기지의 지하에 뚫린 점검용 통로. 곰 인형 정도의 크기라면 문제없겠지만, 인간은 기어야 지나갈 수 있다.

Handout

비밀

쇼크	이 장면에 등장한 PC

좁은 점검용 통로를 나아가는데 앞쪽에서 찰박찰박 발소리가 가까워지더니, 라이트의 빛 속에서 작은 그림자가 나타난다. 인간의 귀로 만든 곰 인형, SCP-1048-A다!

이벤트 발생.

《소리》로 공포판정.

핸드아웃 「폐기 구획」을 공개한다.

이 비밀을
스스로 밝힐 수는 없다.

Handout

장소	폐기 구획

개요

점검용 통로 끝에서 발견한 지하 공간. 제24기지에 이런 장소가 있다는 것 자체를 몰랐다. 설비가 노후화하여 폐쇄했을까? 몇 년이나 사람이 드나들지 않았는지 공기는 탁하고, 사방에 먼지가 쌓여 있다.

Handout

비밀

쇼크	이 장면에 등장한 PC

확산정보. 여기에는 녹슨 고철이 잔뜩 쌓여 있다. 먼지 위에 난 작고 둥근 발자국이 안으로 이어진다. 발자국을 따라가자 그 수가 점점 많아지더니 먼지를 거의 다 씻어 낼 정도로 늘어났다. 발자국은 폐기 구획 안쪽으로 계속 이어진다…….

《추적》으로 공포판정. 핸드아웃 「공방」이 공개된다.

이 비밀을
스스로 밝힐 수는 없다.

Handout

장소	공방

개요

스트레스.

폐기 구획 안쪽으로 들어가니 다양한 공구가 굴러다니는 넓은 공간이 있었다. 무슨 공방인 것 같은데……. 플래시 라이트만으로는 전부 비출 수 없다. 전모를 파악하려면 조명이 필요하다. 아직 전기가 들어올까?

Handout

비밀

쇼크	전원

확산정보. 전기 스위치를 찾아내서 켰다. 형광등에 빛이 들어와서 공방 전체를 비췄다. 그곳에는…….

이벤트 발생.

이 비밀을
스스로 밝힐 수는 없다.

Handout

정보재해

Handout

비밀

쇼크	SCP-1048의 귀여움에 내성이 없는 PC
2차 감염	한다

SCP-1048은 귀엽다

이 정보재해는 2차 감염을 일으킨다.

SCP-1048의 귀여움에 정신을 못 차린다. 사랑스러운 몸짓을 보기만 해도 무심코 미소를 짓고 만다. 이렇게 귀여운 SCP-1048이 인간에게 악의를 가지고 있을 리가 없다. 험악한 창조물을 만든 것도 그저 혼자서는 쓸쓸했기 때문이리라.

이 비밀을
스스로 밝힐 수는 없다.

시나리오「신흥 종교 단체의 습격」

이 시나리오는 『인세인 SCP』용「보호」타입 샘플 시나리오입니다.
요주의 단체의 격렬한 공격이 예상됩니다. 동료와 협력해서 SCP 객체를 지켜냅시다.

● 시나리오의 무대

이번 시나리오의 무대는 모국에 있는 재단의 격리 시설「제31기지」입니다. 폐쇄된 재단 시설을 무대로 하는 시나리오이므로 PC로는 재단 직원이 바람직합니다.
장면표는 이 시나리오에 수록된「격리 기지 장면표」를 사용합니다.

● 배경

이미「격리」된 객체인 SCP-2662를 탈취하려는 요주의 단체가 재단의 격리 시설을 습격했습니다. 이 요주의 단체를 쫓아내고 SCP-2662를「보호」하는 것이 PC들의 목적입니다.

● 플레이어 수

이 시나리오의 플레이어 수는 3명입니다.

● 리미트

이 시나리오의 리미트는 3입니다.

● 광기

『인세인』에서【의심암귀】,【의존】,【패닉】,【피에 대한 갈망】,【절규】,【공포증】,【폭력충동】을, 이 책『인세인 SCP』에서【분실】,【누설】,【확산】,【악운】,【신경질】을 1장씩 준비하시기 바랍니다.

프라이즈

이 시나리오에는 프라이즈로 「SCP-2662」가 존재합니다.

「SCP-2662」는 객체 SCP-2662 자체입니다. 이 프라이즈를 PC들이 손에 넣으면 SCP-2662를 「보호」하게 됩니다.

세션 동안 「흔들거리는 염소」는 PC에게서 프라이즈를 빼앗기 위해 빈번히 습격해옵니다. 이 전투에 지면 프라이즈 「SCP-2662」는 「흔들거리는 염소」가 소지한 상태가 됩니다.

리포트 시트 초기 정보

- 분류번호/SCP-2662
- 객체 등급/케테르(Keter)

• 개요

SCP-2662는 인간과 거의 같은 모습이지만 키가 4m나 되고, 등에는 문어 같은 촉수가 약 20개 정도 나 있다. 인간의 말을 이해하고 의사소통을 할 수도 있지만, 과도한 접촉은 피해야 한다.

• 격리 방법

SCP-2662는 생물용으로 확장한 대형 격리실에 격리한다. SCP-2662는 자발적으로 격리되려 하므로 주의할 점은 없다. 대형 격리실이라면 일시적인 격리는 어디에서든 가능할 것이다.

• 정보재해 「숭배자의 자연 발생」

한 달에 한 번, SCP-2662의 숭배자가 자연 발생한다. 이것은 SCP-2662의 의지와는 관계없이 일어나는 현상으로, 막을 방법은 찾지 못했다.

• 종교단체

SCP-2662를 숭배하는 신흥 종교 단체는 다달이 탄생한다. 이런 종교 단체는 폭력적인 의식을 선호하는 경향이 강하다. 또, 그들은 SCP-2662와 접촉하기 위해 수단을 가리지 않고 재단의 격리 시설에 침입하려 하므로 경계가 필요하다.

• 타우-9

SCP-2662와 접촉하려는 침입자에 대한 대책으로서 재단은 전투부대 「타우-9」를 상주시키고 있다.

• 보안 인가 3등급 필요

정보재해 「접촉자의 오염」

SCP-2662와 오랜 시간 접촉하면 SCP-2662를 숭배하게 된다. 이것은 먼저 언급한 「숭배자의 자연 발생」과는 다른 정보재해이다.

이 정보재해의 트리거는 장면이 끝날 때 프라이즈 「SCP-2662」를 소지하고 있는 것이다.

이 정보재해는 프라이즈 「SCP-2662」를 포기하면 감염의 진행을 멈출 수 있다. 또, 감염 단계가 3단계 이하라면 각종 기억 소거가 유효하다.

감염 4단계가 되면 완전한 숭배자가 되어 SCP-2662에게 자신의 목숨을 바치고 사망한다.

또, 이 현상은 SCP-2662를 격리실에 격리하면 완전히 막을 수 있다.

● 에너미 데이터

「흔들거리는 염소」 교도의 데이터는 「신봉자」(기본 247페이지)의 데이터를 사용합니다.

● 도입 페이즈

이 시나리오의 도입 페이즈는 아래와 같습니다.

• 장면1 검문

PC①의 도입 장면입니다.

PC①은 다른 임무의 리포트를 제출하기 위해 차를 타고 재단의 격리 시설 제31기지에 가는 중입니다. 시각은 밤 7시를 넘겼을 무렵.

어둠 속에서 자동차를 모는데, 앞에 검문소가 나타납니다. 얼핏 보기에는 경찰이 단속하는 것처럼 보이지만, 호들갑스러울 정도의 중무장을 하고 있습니다. 그들은 PC①의 자동차를 멈춰 세우고 신분증명서의 제시를 요구합니다.

PC①이 얌전히 따른다면 그들은 PC①이 재단의 직원임을 알고, 자기들도 재단 직원이라고 밝힙니다. 그들의 정체는 재단의 전투부대 타우-9입니다.

제31기지는 지금 「흔들거리는 염소」라는 요주의 단체의 표적이 되었습니다. 그래서 타우-9이 여기에 경계망을 펼친 것입니다. 이 정보는 그들이 자발적으로 제공합니다.

또, PC①이 검문을 강행돌파 하겠다고 선언하면 타우-9은 가차 없이 공격해옵니다. PC①은 【생명력】을 1점 감소합니다.

검문을 통과한 PC①이 제31기지에 도착하면 이 장면은 끝납니다.

• 장면2 침입자

PC②의 도입 장면입니다.

PC②는 새로운 임무에 종사하고자 제31기지를 방문했습니다. 약속에 따르면 케이트라는 이름의 연구원이 입구까지 마중을 나오기로 되어있는데, 약속 시각이 지나도 그녀는 나타나지 않습니다.

별수 없이 PC②는 케이트의 연구실을 직접 찾아가기로 합니다.

연구실에 들어간 PC②는 그곳에서 복부에 상처를 입은 케이트와 만납니다. 「침입자야. 조심해.」 그 말을 남기고 케이트는 숨이 끊어지고 맙니다. PC②는 《죽음》으로 공포판정을 합니다.

공포판정이 끝나면 제31기지에 경보음이 울리고, 이 장면은 끝납니다.

• 장면3 이상사태 발생

PC③의 도입 장면입니다.

장면2의 경보음이 울리기 조금 전. PC③은 의무실에서 눈을 떴습니다. 왜 이런 장소에 있는가? 애초에 여기는 어디인가……? PC③에게는 무슨 이유인지 최근 며칠간의 기억이 없습니다.

의사의 말에 따르면 이곳은 제31기지이며, PC③은 어떤 임무를 마치고 「C등급 기억 소거」를 받은 직후라고 합니다.

의사가 앞으로 할 일을 설명하기 시작했을 때, 제31기지에 경보음이 울립니다.

「제17 격리실에서 이상사태 발생. 반복한다, 제17 격리실에서 이상사태 발생. 이제부터 상황을 해결할 때까지 제31기지를 폐쇄한다.」
이어서 PC③의 휴대전화가 울리기 시작하면서 이 장면은 끝납니다.

• 장면4 SCP-2662

이 장면은 마스터 장면입니다.
마침 제31기지에 있던 세 명의 PC를 「마이크 샌더스」라는 재단 직원이 소집합니다.
PC들은 마이크에게 상황 설명을 듣습니다.
제31기지는 지금 「흔들거리는 염소」라는 종교 단체의 습격을 받고 있습니다. 그들이 시설에 접근하지 못하도록 타우-9가 경계하고 있었지만, 어떻게 경계망을 피했는지 적은 이미 시설 내에 침입하고 말았습니다.
적의 목적은 제17 격리실에 격리된 객체인 SCP-2662를 탈취하는 것입니다. 지금 바로 움직일 수 있는 재단 직원은 마이크와 PC들뿐입니다. 이 멤버로 SCP-2662를 「보호」해야만 합니다.
「난 이제부터 침입한 교도들에 맞서 싸우겠다. 너희는 제17 격리실에 가서 SCP-2662를 보호해 줘.」
여기에서 각 PC는 자기소개를 하고 【사명】을 읽습니다.
「경비실에도 가 봐. 감시 카메라를 확인할 수 있을 거야.」
SCP-2662에 관한 리포트 시트가 공개됩니다. 핸드아웃 「제17 격리실」, 「마이크 샌더스」, 「흔들거리는 염소」, 「경비실」이 공개되며 도입 페이즈는 끝납니다.

● 조킹

이 시나리오에서 조킹을 하면 아래의 정보를 얻을 가능성이 있습니다.

• 제3창고의 구멍

「폭발물로 구멍을 뚫었는데 경보는 울리지 않았다」라는 사실을 알아차린 PC가 있을 때 얻을 수 있는 정보입니다.
창고의 경보장치는 총기로 파괴됐습니다. 무장한 재단 직원이 한 짓일 가능성이 큽니다.

• **격리에 관해**

플레이어가 제44 격리실에 SCP-2662를 격리할 수 있는지 물어본다면, 「가능하다」라고 대답합시다. 단, 제44 격리실이 파괴됐다면 격리할 수 없습니다.

또, 현재 제31기지에는 달리 격리 가능한 장소가 남아있지 않습니다. 다른 SCP 객체가 보관되어 있거나 정비 중입니다.

● 메인 페이즈

• **SCP-2662의 우울**

이 장면은 「제17 격리실」의 【비밀】을 조사한 직후에 발생하는 마스터 장면입니다.

제17 격리실 안에 설치된 화장실의 문이 열리더니 안에서 SCP-2662가 나타납니다. 장면에 등장한 PC는 《혼돈》으로 공포판정을 합니다.

비공식 발언입니다만, SCP-2662의 디자인은 1920년대 펄프 잡지에 연재된 호러 소설에 등장하는 사신의 모습과 매우 비슷합니다.

SCP-2662는 제17 격리실의 참상을 보자 양손으로 머리를 감싸 쥐며 「젠장!」하고 외칩니다.

「제길! 내 방을 엉망으로 만들어 놓고! 이제 지긋지긋해! 그만 좀 하라고!」

그리고 PC들에게 필사적으로 호소합니다.

「이봐, 부탁이야. 그 미친 놈들에게서 날 보호하는 게 댁들의 일이지? 얼마든지 협력할 테니까, 제발 어떻게 좀 해줘!」

SCP-2662는 매우 협력적입니다. 이후, SCP-2662는 프라이즈로 간주합니다. 처음에는 「제17 격리실」을 조사한 PC가 가지지만, 마음대로 남에게 전달할 수 있습니다.

프라이즈 「SCP-2662」가 재단 측에 있는 한 SCP-2662는 「보호」되고 있는 것으로 봅니다.

• 「흔들거리는 염소」 교도와의 만남

제2사이클이 끝날 때 발생하는 마스터 장면입니다.

PC들은 「흔들거리는 염소」 교도와 만납니다. PC가 프라이즈 「SCP-2662」를 가지고 있다면 교도들이 덤벼들 것입니다. 반대로 「흔들거리는 염소」가 프라이즈를 소지하고 있다면, PC들로서는 프라이즈를 되찾을 기회입니다.

「오오, 위대한 SCP-2662여. 보고 계십시오. 지금 바로 이 녀석들의 피와 살을 당신께 바치겠나이다!」

「Hey, 그대여? 작작 좀 하지?」

「흔들거리는 염소」 교도 둘과 전투를 합니다.

● 클라이맥스 페이즈

SCP-2662를 격리했거나 3사이클이 지나면 클라이맥스 페이즈에 돌입합니다.

격리했다면 클라이맥스 페이즈로 이행하기에 앞서 남은 장면 수만큼의 【진척】을 PC들에게 줍니다.

또, 이 시점에서 제3창고의 구멍이 아직 뚫려 있고, 프라이즈 「SCP-2662」를 「흔들거리는 염소」가 소지하고 있다면 클라이맥스 페이즈로 이행할 것 없이 임무 실패로 게임이 끝납니다.

마이크 샌더스가 PC들의 앞에 나타납니다.

「위대한 SCP-2662여! 지금 바로 당신을 자유롭게 해드리겠습니다!」

「어어……. 그대는 듣거라. 그러지 않아도 되느니라. 나…… 가 아니라, 이 몸은 그냥 내버려 둬도 되니 어서 돌아가거라.」

「당신은 자유입니다. 우리는 당신을 속박할 수 없습니다. 그리고 그것은 재단도 마찬가지입니다!」

SCP-2662의 설득도 그에게는 통하지 않습니다. 마이크 샌더스와 전투를 합니다. 마이크 샌더스의 데이터는 「살인마」(기본 247페이지)의 데이터에서 《절단》을 《사격》으로 바꿔 사용합니다.

PC 전원이 행동불능 또는 사망 상태가 되거나 적을 전멸시키면 클라이맥스 페이즈는 끝납니다.

● 그 후

전투에 승리했다면 PC들은 SCP-2662의 「보호」에 성공합니다. 한숨 돌리고 있으면 한발 늦게 타우-9의 본대가 제31기지에 귀환해서 PC들에게 감사의 말을 전할 것입니다.

PC들이 전투에서 졌다면 마이크 샌더스는 타우-9가 귀환하기 전에 SCP-2662를 데리고 제31기지에서 도주해버리며, 임무는 실패합니다. 재단은 SCP-2662를 다시 격리하기 위해 곧바로 추적팀을 편성할 것입니다.

격리 기지 장면표 (2D6)	
2	마네킹이 서 있는 줄 알았는데, D계급 직원이었다. 눈 하나 깜빡 안 한다.
3	가스마스크를 쓴 C계급 직원과 스쳐 지나간다. 그는 말없이 새 가스마스크를 내밀었다.
4	유리창이 철거되고, 대신 베니어합판이 그 자리를 막는다. 격리 대책일까?
5	지진이다. ……. 지진, 맞나?
6	어두운 표정의 D계급 직원과 스쳐 지나간다. 그에게 행운이 있기를.
7	「저기, 여기 좀 열어줘.」 어딘가에서 여자의 목소리가 들렸다.
8	소리 높여 웃는 C계급 연구원과 스쳐 지나간다. 무슨 성과를 올린 건지, 아니면…….
9	형광등을 모두 빼내고, 조명으로 양초를 쓰고 있다. 격리 대책일까?
10	벽에 종이가 붙어 있다. 「절대 돌아보지 말 것」
11	바닥에서 팽이가 돌고 있다. ……. 계속 돌고 있다.
12	복도 맨 끝에서 고양이가 웅크리고 앉아 있다. 저건…… 정말로 고양이일까?

Handout

이름	PC①

사명

당신은 재단의 직원이다. 당신의 【사명】은 객체 SCP-2662를 「보호」하는 것이다.

Handout

비밀

쇼크	없음

당신은 문어가 싫다. 문어를 연상하게 하는 것도 생리적으로 받아들일 수가 없다. 당신이 문어나 문어를 연상시키는 것을 소지해야만 한다면, 장면이 끝날 때 【이성치】가 1점 감소한다.

이 비밀을
스스로 밝힐 수는 없다.

Handout

이름	PC②

사명

당신은 재단의 직원이다. 당신의 【사명】은 객체 SCP-2662를 「보호」하는 것이다.

Handout

비밀

쇼크	전원

당신은 케이트에게 SCP-2662가 두 종류의 정보재해를 일으키는 객체라는 이야기를 들은 적이 있다. 그 이상은 듣지 못했지만, 지금은 좀 더 자세히 들어둘 것을 그랬다고 약간 후회하고 있다.

이 비밀을
스스로 밝힐 수는 없다.

Handout

이름	PC③

사명

당신은 재단의 직원이다. 당신의 【사명】은 객체 SCP-2662를 「보호」하는 것이다.

Handout

비밀

쇼크	전원

당신의 취미는 「정보재해의 수집」이다. 지식을 얻는 정도에 그치지 않고 직접 보고 싶어한다. 당신의 【진정한 사명】은 정보재해를 일으키는 것이다.

이 비밀을
스스로 밝힐 수는 없다.

Handout

장소	제17 격리실

개요

스트레스.

SCP-2662가 격리된 대형 격리실. 문이 파괴되어 격리 기능을 잃었다. 문 안쪽에서 악취가 풍기고 있으며, 기묘한 목소리가 들려온다.

Handout

비밀

쇼크	이 장면에 등장한 PC

확산정보. 피와 내장으로 범벅이 된 실내에서 「흔들거리는 염소」의 교도 한 명이 일심불란으로 의식을 집행하고 있다. 교도는 마지막에 자기 배를 가르고 양손으로 내장을 끄집어내며 숨이 끊어진다. 《냄새》로 공포판정.

프라이즈 「SCP-2662」를 손에 넣는다.

이 비밀을
스스로 밝힐 수는 없다.

Handout

장소	프라이즈 SCP-2662

개요

키 4m의 인간형 객체. 등에 약 20개의 촉수가 나 있다.

Handout

비밀

쇼크	전원

「SCP-2662가 이렇게 위대하다니!」 이 【비밀】을 본 PC는 SCP-2662로부터 이루 말할 수 없는 매력을 느낀다. 《기쁨》으로 공포 판정.

이 비밀을
스스로 밝힐 수는 없다.

Handout

장소	흔들거리는 염소

개요

당신(들)은 SCP-2662를 숭배하는 신흥 종교 단체 「흔들거리는 염소」의 교도다.

당신(들)의 【사명】은 SCP-2662를 제31기지에서 데리고 나가는 것이다.

Handout

비밀

쇼크	없음

확산정보. 「흔들거리는 염소」는 구멍을 파고 지하에서 제31기지에 침입했다. 제3사이클이 끝난 시점에서 이 구멍이 여전히 뚫려 있고, 프라이즈 「SCP-2662」를 「흔들거리는 염소」가 소지하고 있다면 「흔들거리는 염소」는 제31기지에서 도주하며, 그 시점에서 PC들의 임무는 실패한다.

이 비밀을
스스로 밝힐 수는 없다.

Handout

장소	경비실
개요	
제31기지의 경비실. 시설 전체의 상태를 감시 카메라로 확인할 수 있다.	

Handout

비밀

쇼크	없음
확산정보. 감시 카메라의 영상을 조사한 결과, 두 군데의 변화를 알아차렸다. 핸드아웃 「제44격리실」, 「제3창고」가 공개된다.	

이 비밀을
스스로 밝힐 수는 없다.

Handout

장소	제3창고
개요	
스트레스. 격리 시설의 옆에 있는 창고. 감시 카메라 영상에 검은 구멍 같은 것이 찍혀 있었다.	

Handout

비밀

쇼크	없음
확산정보. 바닥에 폭발물로 만든 구멍이 뚫려 있다. 「흔들거리는 염소」는 이곳으로 침입한 것 같다. 《기계》 행동판정에 성공하면 바닥의 구멍을 막을 수 있을 것 같다.	

이 비밀을
스스로 밝힐 수는 없다.

Handout

장소	제44 격리실

개요

스트레스.

제31기지의, 현재 사용하지 않는 대형 격리실. 감시 카메라 영상에 사람이 셋 찍혀 있었다.

Handout

비밀

쇼크	없음

확산정보. 실내에서 「흔들거리는 염소」 교도가 날뛰고 있다. 교도 3명과 전투를 한다. 제2사이클이 끝날 때까지 교도를 쓰러뜨리지 못하면 「제44 격리실」은 파괴된다.

이 비밀을
스스로 밝힐 수는 없다.

Handout

이름	마이크 샌더스

개요

당신은 기동특무부대 「타우-9」의 대원이다. 당신은 경호를 위해 제31기지에서 대기하고 있었다. 당신의 【사명】은 SCP-2662를 「보호」하는 것이다.

Handout

비밀

쇼크	전원

당신은 「흔들거리는 염소」의 교도다. 침입을 유도한 것도, 케이트를 죽인 것도 당신이다. 당신의 【진정한 사명】은 SCP-2662를 제31기지에서 데리고 나가는 것이다.

이 비밀을
스스로 밝힐 수는 없다.

Handout

정보재해

Handout

비밀

쇼크	전원
2차 감염	없음

이 정보재해는 2차 감염을 일으키지 않는다.

SCP-2662에게 매료된다. SCP-2662밖에 생각할 수 없게 되어 집중을 못 한다. 이 정보재해에 감염된 PC는 감염 1단계가 된다. 감염 단계는 장면이 끝날 때마다 1단계씩 올라간다. 이 정보재해에 감염된 PC는 모든 판정에 감염 단계만큼 마이너스 수정을 적용한다. 감염 4단계가 되면 SCP-2662에게 목숨을 바쳐 자기 자신을 처분한다.

이 비밀을
스스로 밝힐 수는 없다.

inSANe

SCP

Secure. Contain. Protect

SUN MON TUE WED THU FRI SAT
1 2 3 4 5 6
7 8 9 10 11 12 13
14 15 16 17 18 19 20
21 22 23 24 25 26 27
28 29 30

「부록」

Appendix

▼광기 리스트

페이지 번호의 「DL」은 『데드 루프』, 「VD」는 『빌라 디오다티의 괴담 모임』, 「카드」는 『인세인 카드~광기편』을 나타냅니다.

이름	페이지	트리거	월드 세팅	장 수
의심암귀	기본p216	같은 장면에 있는 당신 이외의 캐릭터가 펌블을 발생시켰다.		장
확산하는 공포	기본p216	같은 장면에 있는 누군가(당신도 포함)가 펌블을 발생시켰다.		장
의존	기본p216	당신이 「진통제」를 사용한다		장
소외감	기본p216	같은 장면에 당신 이외의 PC가 등장하지 않았다		장
거동수상	기본p217	당신이 괴이에게 대미지를 입는다.		장
맹목	기본p217	당신이 공포판정을 한다.		장
말을 잃다	기본p217	누군가가 당신에 대한 마이너스 【감정】을 획득한다.		장
패닉	기본p217	당신이 대미지를 입는다.		장
도를 넘어선 마음	기본p218	당신이 누군가에 대해 【감정】을 획득한다.		장
피에 대한 갈망	기본p218	당신이 누군가에게 대미지를 입힌다.		장
페티시	기본p218	당신이 감정판정의 목표가 된다.		장
절규	기본p218	당신이 공포판정에 실패한다.		장
괴물	기본p219	당신이 펌블을 발생시킨다.		장
이질적인 언어	기본p219	당신이 감정판정의 목표가 된다.		장
기억상실	기본p219	당신의 【이성치】가 감소한다.		장
현실도피	기본p219	당신의 【이성치】가 감소한다.		장
어둠의 축복	기본p220	당신이 공포판정에 실패한다.		장
다중인격	기본p220	당신의 【이성치】가 감소한다.		장
결벽	기본p220	당신이 감정판정의 목표가 된다.		장
공포증	기본p220	당신이 공포판정에 실패한다.		장
실종	기본p221	당신이 판정에 펌블을 발생시킨다. 또는 당신이 전투에서 패자가 된다.		장
이성에 대한 공포	기본p221	그 장면에서 당신이 이성 캐릭터와 단둘이 된다.		장
폭력충동	기본p221	당신과 같은 장면에 있는 캐릭터(당신도 포함)가 대미지를 입는다.		장
광신자	기본p221	누군가가 당신에 대한 마이너스 【감정】을 획득한다.		장
초현실주의	기본p261	당신이 공포판정에 성공한다.	사실은 무서운 현대 일본	장
음모론	기본p261	당신이 조사판정의 목표가 된다.	사실은 무서운 현대 일본	장
만용	기본p266	당신이 전투에 승리한다.	광란의 20년대	장
구세대	기본p266	같은 장면에 있는 누군가(당신도 포함)가 펌블을 발생시킨다.	광란의 20년대	장
흡혈귀 망상	기본p271	당신과 같은 장면에 있는 당신 이외의 캐릭터가 대미지를 입는다.	암흑의 빅토리아	장
미신	기본p271	당신이 괴이에 관련된 공포판정을 한다.	암흑의 빅토리아	장
연상되는 공포	DLp177	당신이 누군가에게 1점 이상 대미지를 입는다.		장
일그러진 마음	DLp177	누군가가 당신을 목표로 조사판정을 해서 【비밀】이나 【정신상태】를 획득한다.		장
왜 나만?	DLp177	당신의 【생명력】이나 【이성치】가 1점 이상 감소한다.		장
예지몽	DLp177	사이클이 끝난다.		장
불길한 숫자	DLp178	같은 장면에 등장한 누군가(당신도 포함)가 판정에서 굴린 주사위 눈에 4가 포함되어 있다.		장

이름	페이지	트리거	월드 세팅	장 수
과대망상	DLp178	당신 이외의 누군가가 아이템이나 프라이즈를 획득한다.		장
빙의	DLp178	당신의 판정에 스페셜이나 펌블이 발생한다.		장
우행	DLp178	같은 장면에 등장한 당신 이외의 누군가에 대해 다른 누군가가 플러스【감정】을 가진다		장
기묘한 욕구	DLp179	누군가가 당신을 목표로 감정판정을 한다.		장
짜증	DLp179	같은 장면에 있는 누군가(당신도 포함)가 판정에 실패한다.		장
폭로	DLp179	당신에 대해 누군가가 플러스【감정】을 획득했다.		장
적이냐 아군이냐	DLp179	당신이 대미지를 입는다.		장
기시감	DLp211	당신이 감정판정에 성공한다.	반복되는 참극	장
망향	DLp211	쇼크로 인해 당신의【이성치】가 감소한다.	반복되는 참극	장
허무감	DLp211	당신의【생명력】이 감소한다.	반복되는 참극	장
미시감	DLp211	당신의【이성치】가 감소한다.	반복되는 참극	장
분풀이	VDp015	당신 이외의 캐릭터 두 명이 서로에 대해 플러스【감정】을 획득한다.		장
초췌	카드	당신의【생명력】이나【이성치】가 3점 이하가 된다.	반복되는 참극	장
권력 불신	카드	누군가가 반응표를 사용한다.	반복되는 참극	장
제4의 벽	카드	게임 중에 다른 플레이어가 당신을 PC명이 아닌 플레이어명으로 부른다.	반복되는 참극	장
자기파괴	카드	당신 이외의 PC가 판정에 스페셜을 발생시킨다.		장
배신	카드	당신 이외의 PC가 현재화한【광기】가 3장 이상이 된다.		장
복종	카드	당신이 누군가에게 대미지를 입는다.		장
유령저택	카드	당신이 장면 플레이어가 된다.		장
사신	카드	누군가의【생명력】이 1점이 된다.		장
변신 소망	카드	당신 이외의 PC가 판정에 스페셜을 발생시킨다.		장
어둠 속의 누군가	카드	당신의【생명력】이나【이성치】가 3점 이하가 된다.		장
긴장	카드	당신이 전투에 참가한다.		장
환각	카드	당신이 쇼크를 받아【이성치】가 1점 감소한다.		장
사랑	카드	당신의【이성치】가 감소한다.		장
상층부의 부패	P198	PC 중 누군가가 사망한다.	인세인 SCP	장
양심의 가책	P198	D계급 직원이 사망한다.	인세인 SCP	장
배드 아이디어	P198	당신이 공포판정에 실패한다.	인세인 SCP	장
충성심의 부패	P198	당신이 공포판정에 실패한다.	인세인 SCP	장
사디즘	P199	당신이 D계급 직원과 같은 장면에 등장한다.	인세인 SCP	장
연락	P199	당신의【이성치】가 0점이 되거나 이미 0점이다.	인세인 SCP	장
가지고 도주	P199	당신이 SCP 객체를 입수한다.	인세인 SCP	장
분실	P199	쇼크로 당신의【이성치】가 감소한다.	인세인 SCP	장
파괴충동	P200	당신이 SCP 객체를 입수한다.	인세인 SCP	장
안주의 땅	P200	당신이 SCP 객체에 들어간다.	인세인 SCP	장
누설	P200	당신이 정보재해의 영향을 받거나 이미 받고 있다.	인세인 SCP	장
악운	P200	당신이 대미지를 입는다.	인세인 SCP	장
확산	P201	당신이 정보재해의 영향을 받거나 이미 받고 있다.	인세인 SCP	장
신경질	P201	당신이 공포판정에 실패한다.	인세인 SCP	장

인세인 inSANe

멀티장르호러TRPG

인세인 SCP

inSANeSCP Character sheet Ver1.0 for Korean

SCP Foundation

이름			
연령		성별	
직업			
보안 인가 등급			
공적점			

생명력	▷1 2 3 4 5 6 7 8 9 10 11 12
이성치	▷1 2 3 4 5 6 7 8 9 10 11 12

특기리스트

	1 폭력	2 정서	3 지각	4 기술	5 지식	6 괴이	
2	소각	연심	고통	분해	물리학	시간	2
3	고문	기쁨	관능	전자기기	수학	혼돈	3
4	포박	걱정	촉감	정리	화학	심해	4
5	협박	부끄러움	냄새	약품	생물학	죽음	5
6	파괴	웃음	맛	효율	의학	영혼	6
7	구타	인내	소리	미디어	교양	마술	7
8	절단	놀람	풍경	카메라	인류학	암흑	8
9	찌르기	노여움	추적	탈것	역사	종말	9
10	사격	원한	예술	기계	민속학	꿈	10
11	전쟁	슬픔	제육감	함정	고고학	지저	11
12	매장	친애	그늘	병기	천문학	우주	12

호기심		공포심	

어빌리티리스트

어빌리티명	타입	지정특기	효과
기본공격	공격(○)·서포트·장비		목표 1명을 선택해서 명중판정을 한다. 명중판정이 성공하고, 목표가 회피판정에 실패하면 1D6점 대미지.
전장이동	공격·서포트(○)·장비	없음	지원행동. 이 어빌리티를 사용하면 전투에 참가한 캐릭터 전원은 다음 라운드의 「라운드 시작」에 플롯을 한다.
	공격·서포트·장비		
	공격·서포트·장비		
	공격·서포트·장비		
	공격·서포트·장비		

인물란	거처	비밀	감정
	□	□	+/−
	□	□	+/−
	□	□	+/−
	□	□	+/−
	□	□	+/−
	□	□	+/−
	□	□	+/−

MEMO

아이템

진통제 × □□□□□□ 언제든지 사용할 수 있다. 이 아이템을 사용하면 자신의 【생명력】이나 【이성치】를 1점 회복할 수 있다.	네트 런처 × □□□□□□ 전투 중 자기 차례에 사용할 수 있다. 실체가 있는 목표를 하나 선택하고, 그 전투 동안 목표의 회피판정에 -1의 수정을 적용한다. 수정은 누적되지 않는다.
무기 × □□□□□□ 전투 중에 자신이 행동판정을 위해 주사위를 굴렸을 때 사용 할 수 있다. 굴림 결과와 관계없이 다시 주사위를 굴릴 수 있다.	B등급 기억 소거제 × □□□□□□ 메인 페이즈의 장면에서 주요 행동이 끝난 뒤에 사용할 수 있다. 자신이 입수한 【정보】를 모두 잃는다. 자신이 가진 현재화하지 않은 【광기】는 덱에 되돌린다.
부적 × □□□□□□ 자신 이외의 누군가가 행동판정을 위해 주사위를 굴렸을 때 사용할 수 있다. 굴림 결과와 관계없이 다시 주사위를 굴리게 할 수 있다.	기폭장치 × □□□□□□ 전투 중 자기 차례에 사용할 수 있다. D계급 직원 하나를 목표로 선택해서 사망시킨다.

보상 및 기타

BASE
THO-
TLY
BE
DETAINED

인세인 insANe 3
인세인 SCP
SCP Foundation

리포트 시트

잠정 정리번호

진척	

참가자	

인세인 insANe 3
인세인 SCP
SCP Foundation

리포트 시트

잠정 정리번호

진척	

참가자	

Handout

정보재해

Handout

비밀

쇼크	
2차 감염	

이 비밀을
스스로 밝힐 수는 없다.

일반 보고

보고자:

일반 보고

보고자:

일반 보고

보고자:

일반 보고

보고자:

인세인 SCP 요약

inSANe SCP summary

스트레스 (196p)

「스트레스」라고 쓰인 핸드아웃에 대해 조사판정을 하면 판정 전에 【광기】를 1장 획득한다.

진척 (202p, 208p)

초기 【진척】은 2점.
리포트에 【비밀】을 1개 제출할 때마다 【진척】 1점을 획득.
【진척】을 소비해서 재단의 지원을 사용할 수 있다.
【진척】을 보유한 상태로 세션이 끝나면 공적점이 된다.

재단의 지원

• A등급 기억 소거 (208p)
행동완료가 되지 않는다. 【진척】 0~3점 소비.
주변 주민 등의 단기 기억을 지운다.

• 보안 인가 등급 상승 (209p)
행동완료가 되지 않는다. 【진척】 3~4점 소비.
보안 인가 등급을 높인다.

• 아이템 지급 (209p)
행동완료가 되지 않는다. 【진척】 1점 이상 소비.
임의의 아이템을 받는다.

• 직원 충원 (210p)
행동완료가 되지 않는다. 사이클이 끝날 때 마스터 장면 발생. 【진척】 1~5점 소비.
사망한 PC 대신 새로운 PC를 제작할 수 있다.

• 기술자 파견 (210p)
행동완료가 되지 않는다. 【진척】 1점 소비.
특기를 하나 습득하고 있는 협력적인 NPC가 등장한다.

• 격리 전문가 파견 (211p)
행동완료가 되지 않는다. 【진척】 2점 소비.
정보재해 또는 SCP 객체를 안전하게 취급하거나 무력화할 때의 판정에 +1의 수정을 적용하는 협력적인 NPC가 등장한다.

• 보안 담당관 파견 (211p)
행동완료가 되지 않는다. 【진척】 2점 소비.
PC 1명의 【생명력】과 공격의 대미지를 2점 증가시키는 협력적인 NPC가 등장한다.
PC가 2점 이상의 대미지를 입으면 이 NPC는 사망한다.

사망 (197p)

【생명력】이 0이 된 캐릭터는 사망한다. 사망한 시점에서 현재화하지 않은 【광기】는 파기한다.
사망한 PC의 핸드아웃은 남는다.

리포트 (202p)

메인 페이즈의 각 사이클이 끝날 때 캐릭터가 입수한 【비밀】은 리포트로 제출된다.
리포트에 있는 정보는 보안 인가 2등급 이상의 PC라면 모두 입수한 것으로 간주한다. 【비밀】을 리포트로 입수했을 때는 쇼크를 받지 않는다.
보안 인가 3등급 이상이 필요한 정보가 리포트에 적혀 있을 때도 있다.

재단의 지원 2

• 전술반 파견 (212p)
행동완료가 된다. 【진척】 4점 소비.
PC 전원에게 보안 담당관의 효과가 적용된다.

• 전투부대 파견 (213p)
행동완료가 된다. 마스터 장면이 발생한다. 【진척】 6점 소비.
협력적인 전투부대가 등장한다.
전투부대가 등장한 장면에서 전투가 발생했다면 아래의 효과 중 하나를 선택할 수 있다.

A: 전투가 끝날 때까지 에너미 전원의 회피판정에 -2의 수정을 적용한다.
B: 전투가 끝날 때까지 PC 전원이 입히는 대미지가 1D6 증가한다.
C: 에너미 전원은 첫 라운드에 행동을 할 수 없다.

• 커버 스토리 (214p)
행동완료가 된다. 【진척】 3점 소비.
불리한 목격담을 봉쇄하는 소문을 유포한다.

직원 충원 (215p)

추가로 소비한 【진척】 1점당 아래의 효과 중 하나가 발생한다. 각각의 효과는 2회까지 누적된다.

• 【생명력】의 현재치와 최대치가 1 증가
• 아이템의 수가 1개 늘어난다.

색인

후기

이 책을 읽어주셔서 감사합니다.
모험기획국의 사이토 타카요시입니다.

이 책은 사이코로 픽션 시리즈 제7탄『멀티 장르 호러 TRPG 인세인』 및 그 속편인『인세인2 데드루프』의 속편입니다.

공동 제작 사이트인「SCP 재단」의 설정을 채용하는 등 실험적인 요소로 가득한 책입니다만, 가장 고민한 부분은 역시 SCP의 장대하면서도 풍부하고 한없이 인간미 없는 특유의 호러를 어떻게『인세인』의 규칙에 녹여낼지, 그리고 어디에서 실제 테이블 토크 RPG 플레이와의 타협점을 찾을 것인지였습니다.

결국, 세계 전체의 사정을 거의 파악하지 못한 말단 직원으로 직업을 한정하고, SCP 세계의 극히 일부에 초점을 둔 형태가 됐습니다. 그렇게 하면 자세히 몰라도 안심하고 플레이할 수 있다는 이유였습니다만……. 혹시 속편을 만들 수 있다면 기동특무부대의 대원이나 상급 직원도 플레이할 수 있게 하고 싶군요. 일본 지부도 더 조명하고 싶습니다.

이 책은 게임 디자이너 그룹인 모험기획국이 집필, 디자인했습니다. 감수는 카와시마 토이치로가 했고, 리플레이 파트와 규칙 파트의 집필을 사이토가, 리플레이의 주석은 사쿠라바 세이나와 우오케리가 맡았습니다. 또, 세계 설정 파트와 시나리오「베어 크래프트」의 집필을 우오케리가 했고, 시나리오 「쇼핑센터의 참극」과 「신흥 종교 단체의 습격」은 아카토키 시에가 집필했습니다. 지면 디자인은 모험기획국이 거느린 최강 디자인 팀의 작품입니다.

앞 권에 이어 표지 일러스트는 아오키 쿠니오 선생님께 부탁했습니다. 가혹한 직장의 섹시한 여성이라니 좋군요! 그리고 리플레이는 coco 선생님. 불합리한 객체에 휘둘리는 직원들을 드라이하면서도 귀엽게 그려주셨습니다.

게임 말 일러스트는 오치아이 나고미, 리플레이에는 모험기획국 소속 여성 멤버의 협력을 구했습니다. 여러분, 정말로 감사합니다.

또, 『인세인』의 기본 규칙에는 모험기획국의 카와시마 토이치로가 제작한 범용 RPG 시스템 「사이코로 픽션」을 사용하고 있습니다. 앞서 낸 작품에 관해서는 커버 안쪽을 보시기 바랍니다. (역주: 일본판의 경우입니다)

그럼 또 다음 게임에서 뵙겠습니다.

2016년 3월 모일
사이토 타카요시

커버 및 캐릭터 시트의 장식은 "The Administrator"작 「SCP Foundation」에 의거했습니다.
http://www.scp-wiki.net/
SCP Foundation 비공식 일본어역 wiki 사이트는 2017년에 일본 SCP 재단 사이트와 통합되었습니다. 이에 따라 일본어 링크는 일본 SCP 재단의 URL만을 싣고 있습니다.

「리플레이 파트 『눈을 감으면 안 된다』」는 "Logan Armstrong"의 「SCP-2076」 및 SCP Foundation 비공식 일본어역 wiki의 「SCP-2076」 번역에 의거했습니다.
http://scp-wiki.wikidot.com/SCP-2076
http://ja.scp-wiki.net/scp-2076

리플레이 파트와 「SCP 개요」 중 SCP-096에 관한 언급 및 에너미 데이터 「SCP-096」은 "Dr.Dan"의 「SCP-096」 및 SCP Foundation 비공식 일본어역 wiki의 「SCP-096」 번역에 의거했습니다.
http://scp-wiki.wikidot.com/SCP-096
http://ko.scp-wiki.net/scp-096
http://ja.scp-wiki.net/scp-096

「SCP 개요」 중 SCP-109에 관한 언급은 "Kain Pathos Crow"의 「SCP-109」 및 SCP Foundation 비공식 일본어역 wiki의 「SCP-109」 번역에 의거했습니다.
http://scp-wiki.wikidot.com/SCP-109
http://ko.scp-wiki.net/scp-109
http://ja.scp-wiki.net/scp-109

「SCP 개요」 중 SCP-882에 관한 언급은 "Dr Gears"의 「SCP-882」 및 SCP Foundation 비공식 일본어역 wiki의 「SCP-882」 번역에 의거했습니다.
http://scp-wiki.wikidot.com/SCP-882
http://ko.scp-wiki.net/scp-882
http://ja.scp-wiki.net/scp-882

「SCP 개요」 중 SCP-1387에 관한 언급은 "Waterfire"의 「SCP-1387」 및 SCP Foundation 비공식 일본어역 wiki의 「SCP-1387」 번역에 의거했습니다.
http://scp-wiki.wikidot.com/SCP-1387
http://ko.scp-wiki.net/scp-1387
http://ja.scp-wiki.net/scp-1387

「SCP 개요」 중 SCP-040-JP에 관한 언급은 "Ikr_4185"의 「SCP-040-JP」에 의거했습니다.
http://ja.scp-wiki.net/scp-040-JP

에너미 데이터 「SCP-049」는 "Gabriel Jade"의 「SCP-049」 및 SCP Foundation 비공식 일본어역 wiki의 「SCP-049」 번역에 의거했습니다.
http://scp-wiki.wikidot.com/SCP-049
http://ko.scp-wiki.net/scp-049
http://ja.scp-wiki.net/scp-049

에너미 데이터 「SCP-055」는 "xthevilecorruptor"의 「SCP-055」 및 SCP Foundation 비공식 일본어역 wiki의 「SCP-055」 번역에 의거했습니다.
http://scp-wiki.wikidot.com/SCP-055
http://ko.scp-wiki.net/scp-055
http://ja.scp-wiki.net/scp-055

에너미 데이터 「SCP-076-2」는 작자 미상의 「SCP-076」 및 SCP Foundation 비공식 일본어역 wiki의 「SCP-076」 번역에 의거했습니다.
http://scp-wiki.wikidot.com/SCP-076
http://ko.scp-wiki.net/scp-076
http://ja.scp-wiki.net/scp-076

에너미 데이터 「SCP-087-1」은 "Zaeyde"의 「SCP-087」 및 SCP Foundation 비공식 일본어역 wiki의 「SCP-087」 번역에 의거했습니다.
http://scp-wiki.wikidot.com/SCP-087
http://ko.scp-wiki.net/scp-087
http://ja.scp-wiki.net/scp-087

에너미 데이터 「SCP-106」은 "Dr Gears"의 「SCP-106」 및 SCP Foundation 비공식 일본어역 wiki의 「SCP-106」 번역에 의거했습니다.
http://scp-wiki.wikidot.com/SCP-106
http://ko.scp-wiki.net/scp-106
http://ja.scp-wiki.net/scp-106

에너미 데이터 「SCP-1370」은 "Sorts"의 「SCP-1370」 및 SCP Foundation 비공식 일본어역 wiki의 「SCP-1370」 번역에 의거했습니다.
http://scp-wiki.wikidot.com/SCP-1370
http://ko.scp-wiki.net/scp-1370
http://ja.scp-wiki.net/scp-1370

에너미 데이터 「SCP-1440」은 "Dmatix"의 「SCP-1440」 및 SCP Foundation 비공식 일본어역 wiki의 「SCP-1440」 번역에 의거했습니다.
http://scp-wiki.wikidot.com/SCP-1440
http://ko.scp-wiki.net/scp-1440
http://ja.scp-wiki.net/scp-1440

에너미 데이터 「SCP-1867」은 "Djoric"의 「SCP-1867」 및 SCP Foundation 비공식 일본어역 wiki의 「SCP-1867」 번역에 의거했습니다.
http://scp-wiki.wikidot.com/SCP-1867
http://ko.scp-wiki.net/scp-1867
http://ja.scp-wiki.net/scp-1867

에너미 데이터 「SCP-504」는 "BlastYoBoots"의 「SCP-504」 및 SCP Foundation 비공식 일본어역 wiki의 「SCP-504」 번역에 의거했습니다.
http://scp-wiki.wikidot.com/SCP-504
http://ko.scp-wiki.net/scp-504
http://ja.scp-wiki.net/scp-504

에너미 데이터 「SCP-682」는 "Dr Gears"의 「SCP-682」 및 SCP Foundation 비공식 일본어역 wiki의 「SCP-682」 번역에 의거했습니다.
http://scp-wiki.wikidot.com/SCP-682
http://ko.scp-wiki.net/scp-682
http://ja.scp-wiki.net/scp-682

에너미 데이터 「SCP-999」는 "ProfSnider"의 「SCP-999」 및 SCP Foundation 비공식 일본어역 wiki의 「SCP-999」 번역에 의거했습니다.
http://scp-wiki.wikidot.com/SCP-999
http://ko.scp-wiki.net/scp-999
http://ja.scp-wiki.net/scp-999

시나리오 「쇼핑센터의 비극」은 "Dr Gears"의 「SCP-053」 및 SCP Foundation 비공식 일본어역 wiki의 「SCP-053」 번역에 의거했습니다.
http://scp-wiki.wikidot.com/SCP-053
http://ko.scp-wiki.net/scp-053
http://ja.scp-wiki.net/scp-053

시나리오 「베어크래프트」는 "trennerdios"의 「SCP-1048」 및 SCP Foundation 비공식 일본어역 wiki의 「SCP-1048」 번역에 의거했습니다.
http://scp-wiki.wikidot.com/SCP-1048
http://ko.scp-wiki.net/scp-1048
http://ja.scp-wiki.net/scp-1048

시나리오 「신흥 종교 단체의 습격」는 "SoullessSingularity"의 「SCP-2662」 및 SCP Foundation 비공식 일본어역 wiki의 「SCP-2662」 번역에 의거했습니다.
http://scp-wiki.wikidot.com/SCP-2662
http://ko.scp-wiki.net/scp-2662
http://ja.scp-wiki.net/scp-2662

전체적으로 언급되는 대부분의 용어나 개념, 요주의 단체의 에너미 데이터 등은 "Aelanna"의 「About The SCP Foundation」, 「Dr. Mackenzie's Glossary of Terms」 및 SCP Foundation 비공식 일본어역 wiki의 「SCP 재단이란?」, 「맥캔지 박사의 용어집」 번역과 기타 링크, "CheshireCheese"의 「요주의 단체-JP」에 의거했습니다.
http://www.scp-wiki.net/about-the-scp-foundation
http://www.scp-wiki.net/mackenzie-glossary
http://ko.scp-wiki.net/about-the-scp-foundation
http://ja.scp-wiki.net/about-the-scp-foundation
http://ja.scp-wiki.net/mackenzie-glossary

인세인 3
인세인 SCP

2019년 09월 24일 초판 인쇄
2023년 12월 31일 초판 2쇄 발행

원제 インセイン3 インセインSCP
감수 카와시마 토이치로
저자 사이토 타카요시/모험기획국
역자 유범

한국어판 제작

편집 곽건민(이그니시스)
교정 곽건민(이그니시스), 유범, 김효경, 정재민
발행 TRPG Club

이 책의 내용은 픽션이며, 등장 인물과 단체명, 지역 등은 작품 내의 설정입니다.
실제 인물과 단체, 지명과는 아무 관계도 없습니다.

파본 및 불량은 구매처에 문의하시기 바랍니다.
정가는 표지에 표시되어 있습니다.

ISBN 979-11-88546-21-3